Psicologia das massas e análise do eu

SIGMUND FREUD

Psicologia das massas e análise do eu

Tradução do alemão de Renato Zwick

Revisão técnica e prefácio de Edson Sousa

Ensaio biobibliográfico de Paulo Endo *e* Edson Sousa

L&PM EDITORES

Texto de acordo com a nova ortografia.
Título original: *Massenpsychologie und Ich-Analyse*

Este livro está disponível também na Coleção **L&PM** POCKET

Tradução: Renato Zwick
Tradução baseada no vol. 9 da *Freud-Studienausgabe*, 10. ed. corrigida, Frankfurt am Main, Fischer, 2009, p. 65-134
Revisão técnica e prefácio: Edson Sousa
Ensaio biobibliográfico: Paulo Endo e Edson Sousa
Preparação: Patrícia Yurgel
Revisão: Lia Cremonese
Capa: Ivan Pinheiro Machado. *Foto*: Sigmund Freud (1921). Akg-Images/ Latinstock

CIP-Brasil. Catalogação na fonte
Sindicato Nacional dos Editores de livros, RJ

F942p

Freud, Sigmund, 1856-1939
Psicologia das massas e análise do eu / Sigmund Freud; revisão técnica e prefácio de Edson Sousa; ensaio biobibliográfico de Paulo Endo e Edson Sousa. – Porto Alegre, RS: L&PM, 2013
168p. : il. ; 21 cm

Tradução de: *Massenpsychologie und Ich-Analyse*
Inclui bibliografia
ISBN 978-85-254-2964-3

1. Psicanálise. 2. Psicologia social. 3. Psicologia religiosa. I. Zwick, Renato. II. Endo, Paulo Cesar, 1965-. III. Sousa, Edson Luiz André de, 1959-. IV. Título.

12-6077. CDD: 150.1952
CDU: 159.964.2

Rua Comendador Coruja, 314, loja 9 – Floresta – 90220-180
Porto Alegre – RS – Brasil / Fone: 51.3225.5777

Pedidos & Depto. comercial: vendas@lpm.com.br
Fale conosco: info@lpm.com.br
www.lpm.com.br

Impresso pela Meta Brasil
2021

Sumário

Itinerário para uma leitura de Freud

Paulo Endo e Edson Sousa

Freud não é apenas o pai da psicanálise, mas o fundador de uma forma muito particular e inédita de produzir ciência e conhecimento. Ele reinventou o que se sabia sobre a alma humana (a psique), instaurando uma ruptura com toda a tradição do pensamento ocidental, a partir de uma obra em que o pensamento racional, consciente e cartesiano perde seu lugar exclusivo e egrégio. Seus estudos sobre a vida inconsciente, realizados ao longo de toda a sua vasta obra, são hoje referência obrigatória para a ciência e para a filosofia contemporâneas. A sua influência no pensamento ocidental é não só inconteste como não cessa de ampliar seu alcance, dialogando com e influenciando as mais variadas áreas do saber, como a filosofia, as artes, a literatura, a teoria política e as neurociências.

Sigmund Freud (1856-1939) nasceu em Freiberg (atual Příbor), na região da Morávia, hoje parte da República Tcheca, mas àquela época parte do Império Austríaco. Filho de Jacob Freud e de sua terceira esposa, Amália Freud, teve nove irmãos – dois do primeiro casamento do pai e sete do casamento entre seu pai e sua mãe. Sigmund era o filho mais velho de oito irmãos e era sabidamente adorado pela mãe, que o chamava de "meu Sigi de ouro".

Em 1860, Jacob Freud, comerciante de lãs, mudou-se com a família para Viena, cidade onde Sigmund Freud residiria até quase o fim da vida, quando teria de se exilar em Londres, fugindo da perseguição nazista. De família pobre, formou-se em medicina em 1882. Devido a problemas financeiros, decidiu ingressar imediatamente na clínica médica em vez de se dedicar à pesquisa, uma de suas grandes paixões. À medida que se estabelecia como médico, pôde pensar em propor casamento para Martha Bernays. Casaram-se em 1886 e tiveram seis filhos: Mathilde, Martin, Oliver, Ernst, Sophie e Anna.

Embora o pai tenha lhe transmitido os valores do judaísmo, Freud nunca seguiu as tradições e os costumes religiosos; ao mesmo tempo, nunca deixou de se considerar um judeu. Em algumas ocasiões, atribuiu à sua origem judaica o fato de resistir aos inúmeros ataques que a psicanálise sofreu desde o início (Freud aproximava a hostilidade sofrida pelo povo judeu ao longo da história às críticas virulentas e repetidas que a clínica e a teoria psicanalíticas receberam). A psicanálise surgiu afirmando que o inconsciente e a sexualidade eram campos inexplorados da alma humana, na qual repousava todo um potencial para uma ciência ainda adormecida. Freud assumia, assim, seu propósito de remar contra a maré.

Médico neurologista de formação, foi contra a própria medicina que Freud produziu sua primeira ruptura epistêmica. Isto é: logo percebeu que as pacientes histéricas, afligidas por sintomas físicos sem causa aparente, eram, não raro, tratadas com indiferença médica e negligência no ambiente hospitalar. A histeria pedia, portanto, uma nova inteligibilidade, uma nova ciência.

A característica, muitas vezes espetacular, da sintomatologia das pacientes histéricas de um lado e, de outro, a impotência do saber médico diante desse fenômeno impressionaram o jovem neurologista. Doentes que apresentavam paralisia de membros, mutismo, dores, angústia, convulsões, contraturas, cegueira etc. desafiavam a racionalidade médica, que não encontrava qualquer explicação plausível para tais sintomas e sofrimentos. Freud então se debruçou sobre essas pacientes; porém, desde o princípio buscava as raízes psíquicas do sofrimento histérico e não a explicação neurofisiológica de tal sintomatologia. Procurava dar voz a essas pacientes e ouvir o que tinham a dizer, fazendo uso, no início, da hipnose como técnica de cura.

Em 1895, é publicado o artigo inaugural da psicanálise: *Estudos sobre a histeria*. O texto foi escrito com o médico Josef Breuer (1842-1925), o primeiro parceiro de pesquisa de Freud. Médico vienense respeitado e erudito, Breuer reconhecera em Freud um jovem brilhante e o ajudou durante anos, entre 1882 e 1885, inclusive financeiramente. *Estudos sobre a histeria* é o único material que escreveram juntos e já evidencia o distanciamento intelectual entre ambos. Enquanto Breuer permanecia convicto de que a neurofisiologia daria sustentação ao que ele e Freud já haviam observado na clínica da histeria, Freud, de outro modo, já estava claramente interessado na raiz sexual das psiconeuroses – caminho que perseguiu a partir do método clínico ao reconhecer em todo sintoma psíquico uma espécie de hieróglifo. Escreveu certa vez: "O paciente tem sempre razão. A doença não deve ser para ele um objeto de desprezo, mas, ao contrário, um adversário respeitável, uma parte do seu ser que tem boas razões de existir e que lhe deve permitir obter ensinamentos preciosos para o futuro".

Em 1899, Freud estava às voltas com os fundamentos da clínica e da teoria psicanalíticas. Não era suficiente postular a existência do inconsciente, uma vez que muitos outros antes dele já haviam se referido a esse aspecto desconhecido e pouco frequentado do psiquismo humano. Tratava-se de explicar seu dinamismo e estabelecer as bases de uma clínica que tivesse o inconsciente como núcleo. Há o inconsciente, mas como ter acesso a ele?

Foi nesse mesmo ano que Freud finalizou aquele que é, para muitos, o texto mais importante da história da psicanálise: *A interpretação dos sonhos*. A edição, porém, trazia a data de 1900. Sua ambição e intenção ao alterar a data de publicação era a de que esse trabalho figurasse como um dos mais importantes do século XX. De fato, *A interpretação dos sonhos* é hoje um dos mais relevantes textos escritos no referido século, ao lado de *A ética protestante e o "espírito" do capitalismo*, de Max Weber, *Tractatus Logico-Philosophicus*, de Ludwig Wittgenstein, e *Origens do totalitarismo*, de Hannah Arendt.

Nesse texto, Freud propõe uma teoria inovadora do aparelho psíquico, bem como os fundamentos da clínica psicanalítica, única capaz de revelar as formações, tramas e expressões do inconsciente, além da sintomatologia e do sofrimento que correspondem a essas dinâmicas. *A interpretação dos sonhos* revela, portanto, uma investigação extensa e absolutamente inédita sobre o inconsciente. Tudo isso a partir da análise e do estudo dos sonhos, a manifestação psíquica inconsciente por excelência. Porém, seria preciso aguardar um trabalho posterior para que fosse abordado o papel central da sexualidade na formação dos sintomas neuróticos.

Foi um desdobramento necessário e natural para Freud a publicação, em 1905, de *Três ensaios sobre a teoria da sexualidade*. A apresentação plena das suas hipóteses fundamentais sobre o papel da sexualidade na gênese da neurose (já noticiadas nos *Estudos sobre a histeria*) pôde, enfim, vir à luz, com todo o vigor do pensamento freudiano e livre das amarras de sua herança médica e da aliança com Breuer.

A verdadeira descoberta de um método de trabalho capaz de expor o inconsciente, reconhecendo suas determinações e interferindo em seus efeitos, deu-se com o surgimento da clínica psicanalítica. Antes disso, a nascente psicologia experimental alemã, capitaneada por Wilhelm Wundt (1832-1920), esmerava-se em aprofundar exercícios de autoconhecimento e autorreflexão psicológicos denominados de introspeccionismo. A pergunta óbvia elaborada pela psicanálise era: como podia a autoinvestigação esclarecer algo sobre o psiquismo profundo tendo sido o próprio psiquismo o que ocultou do sujeito suas dores e sofrimentos? Por isso a clínica psicanalítica propõe-se como uma fala do sujeito endereçada à escuta de um outro (o psicanalista).

A partir de 1905, a clínica psicanalítica se consolidou rapidamente e se tornou conhecida em diversos países, despertando o interesse e a necessidade de traduzir os textos de Freud para outras línguas. Em 1910, a psicanálise já ultrapassara as fronteiras da Europa e começava a chegar a países distantes como Estados Unidos, Argentina e Brasil. Discípulos de outras partes do mundo se aproximavam da obra freudiana e do movimento psicanalítico.

Desde muito cedo, Freud e alguns de seus seguidores reconheceram que a teoria psicanalítica tinha um alcance capaz de iluminar dilemas de outras áreas do conhecimento além daqueles observados na clínica. Um dos primeiros textos fundamentais nessa direção foi *Totem e tabu: alguns aspectos comuns entre a vida mental do homem primitivo e a dos neuróticos*, de 1913. Freud afirmou que *Totem e tabu* era, ao lado de *A interpretação dos sonhos*, um dos textos mais importantes de sua obra e o considerou uma contribuição para o que ele chamou de psicologia dos povos. De fato, nos grandes textos sociais e políticos de Freud há indicações explícitas a *Totem e tabu* como sendo ponto de partida e fundamento de suas teses. É o caso de *Psicologia das massas e análise do eu* (1921), *O futuro de uma ilusão* (1927), *O mal-estar na cultura* (1930) e *O homem Moisés e a religião monoteísta* (1939).

O período em que Freud escreveu *Totem e tabu* foi especialmente conturbado, sobretudo porque estava sendo gestada a Primeira Guerra Mundial, que eclodiria em 1914 e duraria até 1918. Esse episódio histórico foi devastador para Freud e o movimento psicanalítico, esvaziando as fileiras dos pacientes que procuravam a psicanálise e as dos próprios psicanalistas. Importantes discípulos freudianos como Karl Abraham e Sándor Ferenczi foram convocados para o front, e a atividade clínica de Freud foi praticamente paralisada, o que gerou dissabores extremos à sua família devido à falta de recursos financeiros. Foi nesse período que Freud escreveu alguns dos textos mais importantes do que se costuma chamar a primeira fase da psicanálise (1895-1914). Esses trabalhos foram por ele intitulados de "textos sobre metapsicologia", ou textos sobre teoria psicanalítica.

Tais artigos, inicialmente previstos para perfazerem um conjunto de doze, eram parte de um projeto que deveria sintetizar as principais posições teóricas da ciência psicanalítica até então. Em apenas seis semanas, Freud escreveu os cinco artigos que hoje conhecemos como uma espécie de apanhado denso, inovador e consistente de metapsicologia. São eles: "Pulsões e destinos da pulsão", "O inconsciente", "O recalque", "Luto e melancolia" e "Complemento metapsicológico à doutrina dos sonhos". O artigo "Para introduzir o narcisismo", escrito em 1914, junta-se também a esse grupo de textos. Dos doze artigos previstos, cinco não foram publicados, apesar de Freud tê-los concluído: ao que tudo indica, ele os destruiu. (Em 1983, a psicanalista e pesquisadora Ilse Grubrich-Smitis encontrou um manuscrito de Freud, com um bilhete anexado ao discípulo e amigo Sándor Ferenczi, em que identificava "Visão geral das neuroses de transferência" como o 12º ensaio da série sobre metapsicologia. O artigo foi publicado em 1985 e é o sétimo e último texto de Freud sobre metapsicologia que chegou até nós.)

Após o final da Primeira Guerra e alguns anos depois de ter se esmerado em reapresentar a psicanálise em seus fundamentos, Freud publica, em 1920, um artigo avassalador intitulado *Além do princípio do prazer*. Texto revolucionário, admirável e ao mesmo tempo mal aceito e mal digerido até hoje por muitos psicanalistas, desconfortáveis com a proposição de uma pulsão (ou impulso, conforme se preferiu na presente tradução) de morte autônoma e independente das pulsões de vida. Nesse artigo, Freud refaz os alicerces da teoria psicanalítica ao propor novos fundamentos para a teoria das pulsões. A primeira teoria das pulsões apresentava duas energias psíquicas como sendo a base da dinâmica do psiquismo: as pulsões do eu e as pulsões de objeto. As pulsões do eu ocupam-se em dar ao eu proteção, guarida e satisfação das necessidades elementares (fome, sede, sobrevivência, proteção contra intempéries etc.), e as pulsões de objeto buscam a associação erótica e sexual com outrem.

Já em *Além do princípio do prazer*, Freud avança no estudo dos movimentos psíquicos das pulsões. Mobilizado pelo tratamento dos neuróticos de guerra que povoavam as cidades europeias e por alguns de seus discípulos que, convocados, atuaram como psicanalistas nas frentes de batalha, Freud reencontrou o estímulo para repensar a própria natureza da repetição do sintoma neurótico em sua articulação com o trauma. Surge o conceito de pulsão de morte: uma energia que ataca o psiquismo e pode paralisar o trabalho do eu, mobilizando-o em direção ao desejo de não mais desejar, que resultaria na morte psíquica. É provavelmente a primeira vez em que se postula no psiquismo uma tendência e uma força capazes de provocar a paralisia, a dor e a destruição.

Uma das principais consequências dessa reviravolta é a segunda teoria pulsional, que pode ser reencontrada na nova teoria do aparelho psíquico, conhecida como segunda tópica, ou segunda teoria do aparelho psíquico (ego, id e superego, ou eu, isso e supereu), apresentada no texto *O eu e o id*, publicado em 1923. Freud propõe uma instância psíquica denominada supereu. Essa instância, ao mesmo tempo em que possibilita uma aliança psíquica com a cultura, a civilização, os pactos sociais, as leis e as regras, é também responsável pela culpa, pelas frustrações e pelas exigências que o sujeito impõe a si mesmo, muitas delas inalcançáveis. Daí o mal-estar que acompanha todo sujeito e que não pode ser inteiramente superado.

Em 1938, foi redigido o texto *Compêndio de psicanálise*, que seria publicado postumamente em 1940. Freud pretendia escrever uma grande síntese de sua doutrina, mas faleceu em setembro de 1939, antes de terminá-la. O *Compêndio* permanece, então, como uma espécie de inacabado testamento teórico freudiano, indicando a incompletude da própria teoria psicanalítica que, desde então, segue se modificando, se refazendo e se aprofundando.

Curioso talvez que o último grande texto de Freud, publicado em 1939, tenha sido *O homem Moisés e a religião monoteísta*, trabalho potente e fundador que reexamina teses historiográficas basilares da cultura judaica e da religião monoteísta a partir do arsenal psicanalítico. Essa obra mereceu comentários de grandes pensadores contemporâneos como Josef Yerushalmi, Edward Said e Jacques Derrida, que continuaram a enriquecê-la, desvelando não só a herança judaica muito particular de Freud, por ele afirmada e ao mesmo tempo combatida, mas também o alcance da psicanálise no debate sobre os fundamentos da historiografia do judaísmo, determinante da constituição identitária de pessoas, povos e nações.

Esta breve anotação introdutória é certamente insuficiente, pois muito ainda se poderia falar de Freud. Contudo, esperamos haver, ao menos, despertado a curiosidade do leitor, que passará a ter em mãos, com esta coleção, uma nova e instigante série de textos de Freud, com tradução direta do alemão e revisão técnica de destacados psicanalistas e estudiosos da psicanálise no Brasil.

Ao leitor, só nos resta desejar boa e transformadora viagem.

Prefácio

Psicologia das massas: Uma reflexão em contrafluxo

Edson Sousa

> Quando o caminhante canta na escuridão, recusa seu estado de angústia, mas nem por isso pode ver mais claramente.
>
> Sigmund Freud,
> *Inibição, sintoma e angústia*

Psicologia das massas e análise do eu surge de uma inquietação de Freud, a qual esteve presente em toda a sua vida e que pode ser resumida em uma tese explicitada logo na abertura do texto: "Na vida psíquica do indivíduo, o outro entra em consideração de maneira bem regular como modelo, objeto, ajudante e adversário, e por isso, desde o princípio, a psicologia individual também é ao mesmo tempo psicologia social". Assim, Freud responde, de forma contundente, aos críticos de ontem e de hoje que veem na psicanálise uma disciplina restrita aos conflitos individuais dos sujeitos, virando as costas para o que acontece no mundo. Os inúmeros textos escritos pelo pai da psicanálise sobre questões sociais, buscando sempre dialogar com outras disciplinas no campo da história, sociologia, antropologia, política, arte, arqueologia, biologia, filosofia e religião, mostram um pensador engajado e atento aos acontecimentos de seu tempo. Seus textos e sua extensa correspondência com dezenas de intelectuais das mais diversas áreas dão provas de seu posicionamento crítico sobre o que se passava no mundo em que vivia.

Psicologia das massas, publicado em 1921, foi gestado lentamente e não deixa de ser um esforço louvável de reflexão diante da barbárie que representou para o mundo, e especialmente para a Europa, a destruição provocada pela Primeira Grande Guerra. Freud sentira na própria pele seus efeitos. Três dos seus filhos estavam no front: Martin, Oliver e Ernst. Seu genro Max, assim como alguns colegas e muitos pacientes, também. Era uma época de incertezas e de muitas perguntas sobre o que levara a humanidade a tal grau de barbárie, de destruição e de violência. Escrevera na época: “Parece-nos como se nunca antes um acontecimento tivesse destruído tantos bens comuns preciosos da humanidade, confundido tantos dos mais lúcidos intelectos, degradado tão cabalmente os mais elevados”. Em algumas passagens de *Psicologia das massas*, Freud faz menção à guerra e escolhe o Exército como um dos fenômenos de massa que analisa. O outro coletivo que lhe aponta um horizonte de reflexão se refere aos grupos religiosos, entre os quais toma particularmente como objeto de estudo a Igreja Católica.

A cautela de Freud nesse campo de estudo se devia ao fato de ter que percorrer toda uma ampla bibliografia da nascente psicologia social no final do século XIX e início do século XX. Seu texto traz uma extensa análise crítica da obra de Gustave Le Bon, autor âncora de seu estudo, dialogando com o clássico livro do autor francês *Psicologia das multidões*, publicado pela primeira vez em Paris em 1895. Convida também para o debate William McDougall e seu livro *The Group Mind* [*A mente grupal*], Wilfred Trotter com *Os instintos do rebanho na paz e na guerra* e Gabriel Tarde com *As leis da imitação*. Muitos outros autores que se dedicaram a estudar os fenômenos de massa são evocados em um detalhe ou outro, de forma que *Psicologia das massas* acabou se tornando uma espécie de guia do estado da questão na época. O diálogo com a filosofia também se faz presente buscando pontos de articulação com alguns pensamentos de Platão, Kierkegaard e Nietzsche. Freud evoca também em seu texto uma série de outros escritos seus, procurando situar o presente estudo em relação à sua obra. São inúmeras as referências a *Três ensaios de teoria sexual*, *Totem e tabu*, *Luto e melancolia*, *Além do princípio do prazer* e *Introdução ao narcisismo*.

Freud busca responder, em seu ensaio, a uma das perguntas que considerava um divisor de águas nos diversos estudos com os quais teve contato: o que mantém uma determinada massa coesa? A resposta terá muitas derivações, as quais o leitor terá a oportunidade de encontrar na leitura do presente texto. Ele responde a essa questão resumindo-a em uma palavra: Eros. Freud não se contenta com análises mais descritivas presentes nos textos nos quais se deteve, pois as considera insuficientes para entender uma série de fenômenos grupais. Falar em sugestão, hipnose, mecanismos de fascinação, sede de poder não lhe parecia responder ao fenômeno que liga os elementos de uma massa entre si e em relação a um líder. Para compreender esses mecanismos psíquicos, Freud ousou transferir alguns conceitos já clássicos em sua obra para a compreensão do funcionamento psíquico das massas, tais como identificação, regressão, idealização, circuitos de investimento libidinal e a lógica do recalque com suas derivações, manifestadas sobretudo na formação dos sintomas.

Psicologia das massas nos abre alguns caminhos de reflexão. Freud vinha concebendo esse texto há algum tempo, recolhendo notas, lendo as obras disponíveis sobre o tema. Já havia desenvolvido anos antes uma série de estudos sobre as razões da posição masoquista do ser humano bem como sobre o conceito de pulsão (ou impulso, conforme se preferiu na presente tradução) de morte, crucial no entendimento de sua metapsicologia. Este último foi amplamente desenvolvido em seu texto *Além do princípio do prazer* (1920). Nesse mesmo ano, em uma viagem de férias aos Alpes, preparava as primeiras notas de *Psicologia das massas* e parecia muito cauteloso e sem pressa em finalizar seu estudo. Do alto das montanhas e em meio às inúmeras anotações que vinha recolhendo, escreve a seu biógrafo oficial, Ernst Jones: "Trouxe comigo o material para a *Psicologia das massas e análise do eu*, mas minha cabeça até agora se recusa obstinadamente a se interessar por esses problemas profundos".

O que impressiona no trabalho de Freud é sua capacidade de abordar questões complexas de forma sistemática, sempre colocando em relevo temas de interesse direto do cidadão comum, não necessariamente iniciado na teoria psicanalítica. Em *Psicologia das massas* o autor discorre sobre os mecanismos da formação dos grupos, a lógica de funcionamento do amor, o ciúme, a submissão cega das massas a um líder e a intolerância ao diferente.

Embora se trate de um ensaio ambicioso, Freud é extremamente cauteloso nas hipóteses que vai desenvolvendo. Escreve no final de sua introdução:

"Quem comparar este fino livrinho com a envergadura da psicologia das massas facilmente poderá supor que aqui apenas se tratará de poucos pontos da totalidade do assunto". Quando envia um exemplar de seu livro em março de 1923 ao escritor Romain Rolland, Freud se mostra reservado em relação ao seu estudo: "Não que eu considere este escrito particularmente bem-sucedido, mas ele mostra o caminho que conduz da análise do indivíduo à compreensão da sociedade".

Uma das primeiras reverberações significativas deste texto de Freud no Brasil não foi no meio científico nem acadêmico, mas em uma das ruas no centro da cidade de São Paulo. Em 1931, o artista e arquiteto Flávio de Carvalho, influenciado sobretudo pela leitura desse texto de Freud, resolveu fazer uma experiência de compreensão do funcionamento de um grupo religioso. Esta que é considerada uma das primeiras performances no campo das artes no Brasil resultou na publicação do livro *Experiência n. 2*, trazendo em detalhes o relato do artista sobre a forma como ele afrontou uma massa de fiéis em um dia de procissão de Corpus Christi. A experiência de Flávio de Carvalho consistiu em caminhar no contrafluxo de uma procissão usando de maneira provocativa um boné de feltro verde. Enquanto caminhava, registrava as reações dos fiéis, e sua atitude produziu fúria nos religiosos, que quase o lincharam. O fato teve grande repercussão na época e foi manchete em muitos jornais, sendo o artista duramente criticado pela imprensa por seu ato de desrespeito a uma manifestação religiosa. Contudo, algumas vozes saíram em sua defesa. Uma delas foi a de Carlos Drummond de Andrade, que, sob o pseudônimo de José Luiz, publicou um artigo no jornal *Minas Gerais* dizendo tratar-se de uma rica investigação sociológica baseada "nos conceitos mais modernos da psicanálise". Flávio de Carvalho entendia esse funcionamento de massa e seu fervor religioso como uma forma de fazer face à inferioridade individual. Segundo ele,

> o homem parece procurar sempre um ponto de segurança anímica, um atrativo, uma imagem encantada que satisfaça a sua necessidade de exaltar o "Eu" e, portanto, as aglomerações se refugiam sob a proteção dessas imagens fetiches: a mulher encantadora, a santa, a virgem, o chefe, o Cristo, o Deus, a pátria são refúgios comuns da aglomeração em perigo.[1]

Penso que Freud estaria de acordo com essa proposição do artista.

1. CARVALHO, Flávio. *Experiência n. 2* – realizada sobre uma procissão de Corpus Christi, uma possível teoria e uma experiência. Rio de Janeiro: Nau, 2001, p. 144-145.

Flávio de Carvalho colocou assim em relevo uma das perguntas fundamentais da investigação freudiana contida nesse texto, ou seja, que mecanismo liga uma determinada massa a um líder? Freud responde a essa pergunta colocando em relevo a teoria da libido. É pela força do amor (Eros) que tal ligação se dá. O amor teria então a força de suplantar os narcisismos individuais e o ódio constitutivo que nos separa uns dos outros. Contudo, não se trata do amor sexual, mas justamente de uma forma primitiva de amor, inibida em seus objetivos sexuais. É esse o mecanismo fundador dos processos de identificação. Segundo Freud, "a identificação é a forma mais elementar de ligação afetiva com o objeto". Ele deixa claros para o leitor os pontos de aproximação e a distância entre a sua teoria e as dos autores que ele examina. Em relação a Gustave Le Bon, embora compartilhe uma série de afirmações no que diz respeito ao caráter impulsivo, irracional e influenciável das massas, sublinha que o que falta em sua teoria é o conceito de recalque. É este que permite a Freud fazer uma série de aproximações entre o funcionamento das massas e o sofrimento neurótico. Pode assim retomar algumas teses de seu clássico texto *Totem e tabu* (1913) ao propor que algumas das relações do grupo com seu líder são uma espécie de repetição do assassinato do pai da horda primitiva pelos filhos, ato este que foi recalcado e que ressurge na massa sob a forma de consciência moral. Pode também mostrar o mecanismo de dissolução do eu na massa, pois este cria, segundo ele, "condições que lhe permitem se livrar dos recalcamentos". Por outro lado, Freud mostra o quanto essas massas, sob a influência da sugestão e força persuasiva de um líder, são capazes também de "atos elevados de renúncia".

Se por um lado a massa é extraordinariamente influenciável e crédula, mostrando-se facilmente intolerante uma vez que funciona numa lógica afetiva intensificada e com capacidade intelectual limitada, por outro, indica Freud, também é capaz de criações geniais como a linguagem, que funciona, portanto, como uma espécie de aglutinante para os grandes coletivos. Contudo, em nenhum momento Freud perde de vista o elemento essencial que compõe o laço social: o amor. "As relações amorosas constituem a essência da psique das massas." Dessa forma, esse texto se revela também como um estudo precioso sobre o amor e seus mecanismos psíquicos, as relações entre o enamoramento e a hipnose, a tensão entre o amor-próprio (narcisismo) e o amor aos objetos, as relações entre amor e o ideal do eu. Não esqueçamos que Freud entende o amor em sua fonte sexual, e é categórico ao dizer que não existe enamoramento sem danos ao eu. Tocar no tema do sexual implica sempre cutucar com vara curta a onça do pudor social. Mas Freud já não era um novato nesses embates. Há décadas conhecia a resistência às suas ideias, mas era inabalável em suas convicções. Responde em *Psicologia das massas* com ironia às críticas segundo as quais sua psicanálise sofria de pansexualismo. Diz ele em determinado momento:

> Quem considera a sexualidade como algo vergonhoso e aviltante para a natureza humana está livre para se servir das expressões mais nobres "eros" e "erotismo". Eu próprio poderia ter feito isso desde o começo, o que teria me poupado de muitos protestos. Mas não quis fazê-lo, pois prefiro evitar concessões à pusilanimidade. Não se sabe onde se vai parar por esse caminho; primeiro se cede nas palavras, e depois, pouco a pouco, também na coisa.

Vemos nessa passagem a radicalidade de um pensador que sempre se manteve fiel a seus princípios, independentemente do preço a pagar pelas posições que defendia.

Tal postura nos permite identificar ainda outra forma de amor presente nessa reflexão, qual seja, o amor à verdade. A presença desse princípio em nosso horizonte não é garantia de uma maior clareza quando adentramos as obscuridades que nos habitam. Nem sempre suportamos essa verdade e, com frequência, fechamos os olhos diante dela. Freud faz um esforço, nesse texto, para apontar o quanto o método psicanalítico não pode compactuar com tais estratégias de disfarce.

Psicologia das massas e análise do eu é de uma atualidade surpreendente. Traz elementos que nos permitem abordar fenômenos sociais como o racismo, a intolerância religiosa e o fanatismo político. Como sabemos, são fenômenos que ainda desafiam nosso entendimento. Por tal razão, trata-se de um texto que pode trazer um pouco de luz para o tempo em que vivemos.

Psicologia das massas e análise do eu

I
Introdução

A oposição entre psicologia individual e psicologia social ou das massas, que à primeira vista pode nos parecer muito significativa, perde muito de sua nitidez ao ser examinada mais a fundo. É verdade que a psicologia individual está orientada para o ser humano singular e investiga os caminhos pelos quais ele busca alcançar a satisfação de suas moções de impulso, só que ao fazê-lo, apenas raramente, sob determinadas condições excepcionais, ela desconsidera as relações desse indivíduo com outros. Na vida psíquica do indivíduo, o outro entra em consideração de maneira bem regular como modelo, objeto, ajudante e adversário, e, por isso, desde o princípio, a psicologia individual também é ao mesmo tempo psicologia social nesse sentido ampliado, porém inteiramente legítimo.

A relação do indivíduo com seus pais e irmãos, seu objeto amoroso, seu professor e seu médico, ou seja, todas as relações que até agora se tornaram preferentemente assunto da investigação psicanalítica, podem reivindicar o direito de serem apreciadas como fenômenos sociais, opondo-se assim a certos outros processos, por nós chamados de *narcísicos*, nos quais a satisfação dos impulsos escapa à influência de outras pessoas ou a elas renuncia. Portanto, a oposição entre atos psíquicos sociais e narcísicos – Bleuler talvez dissesse: *autistas*[1] – entra inteiramente no âmbito da psicologia individual e não serve para separá-la de uma psicologia social ou das massas.

Nas mencionadas relações com os pais e os irmãos, a pessoa amada, o amigo, o professor e o médico, o indivíduo sempre experimenta a influência de apenas uma única pessoa ou de um número muito pequeno delas, das quais cada uma adquiriu para ele um significado imenso. Ora, quando se fala de psicologia social ou das massas, costuma-se desconsiderar essas relações e isolar como objeto de investigação a influência simultânea exercida sobre o indivíduo por um grande número de pessoas com as quais ele está ligado por um vínculo qualquer, enquanto que normalmente, sob muitos aspectos, essas pessoas podem lhe ser estranhas. Portanto, a psicologia das massas trata do indivíduo como membro de uma tribo, um povo, uma casta, uma classe, uma instituição ou como elemento

1. Palavra criada pelo psiquiatra suíço Eugen Bleuler (1857-1939) em 1911. Freud já faz menção a este termo em seu texto "Formulações sobre os dois princípios do funcionamento psíquico", publicado em 1911. (N.R.)

de um grupo de pessoas que, em certo momento e com uma finalidade determinada, se organiza numa massa. Depois desse rompimento de uma ligação natural, é algo evidente encarar os fenômenos que se mostram sob essas condições especiais como manifestações de um impulso especial que não admite ser derivado de alguma outra coisa, o impulso social[2] – *herd instinct, group mind* [instinto gregário, mente grupal] –, que não se expressa em outras situações. Porém, podemos levantar a objeção de que nos custa conceder uma importância tão grande ao fator numérico a ponto de considerar que ele bastaria para despertar na vida psíquica humana um impulso novo e normalmente inativo. Assim, nossa expectativa é dirigida a duas outras possibilidades: a de que o impulso social não seja original e indecomponível, e a de que os primórdios de sua formação possam ser encontrados num círculo restrito, como, por exemplo, o da família.

Embora esteja apenas em seu começo, a psicologia das massas abrange uma abundância ainda inabarcável de problemas particulares e coloca ao investigador inúmeras tarefas, por enquanto ainda

2. Em alemão, *der soziale Trieb*. Salvo indicação em contrário, "impulso" corresponde sempre a *Trieb*. Para mais detalhes sobre essa escolha, ver o apêndice a *O futuro de uma ilusão* (L&PM POCKET, 2010), também reproduzido em *O mal-estar na cultura* (L&PM POCKET, 2010). (N.T.)

nem sequer bem separadas umas das outras. O mero agrupamento das diferentes formas de constituição das massas e a descrição dos fenômenos psíquicos manifestados por essas formas exigem um grande dispêndio de observação e de exposição, e já produziram uma vasta literatura. Quem comparar este fino livrinho com a envergadura da psicologia das massas facilmente poderá supor que aqui apenas se tratará de poucos pontos da totalidade do assunto. E, de fato, a investigação em profundidade da psicanálise tem um interesse especial por apenas algumas questões.

II

A descrição leboniana da psique das massas

Começar por uma referência ao campo dos fenômenos e tomar dele alguns fatos especialmente chamativos e característicos que possam servir de ponto de partida para a investigação parece ser mais oportuno do que antepor uma definição. Conseguimos ambas as coisas por meio de um extrato de *Psicologia das massas*, livro de Le Bon[3] que com razão se tornou famoso.[4]

Aclaremo-nos mais uma vez a situação: se a psicologia, que observa as disposições, as moções de impulso, os motivos e as intenções de um indivíduo até chegar às suas ações e às relações que ele mantém com seus próximos, tivesse resolvido inteiramente sua tarefa e tornado transparentes todas essas conexões, ela se encontraria de súbito diante de uma nova

3. A primeira edição em francês é de 1895. (N.R.)

4. Tradução do dr. Rudolf Eisler, 2. ed., 1912. [Os trechos citados por Freud foram comparados com a tradução brasileira mais recente, *Psicologia das multidões*, de Mariana Sérvulo da Cunha (WMF Martins Fontes, 2008). A discrepância mais notável se encontra na tradução da palavra *foule*, "multidão", para a qual o tradutor alemão emprega *Masse*, "massa". As páginas da tradução brasileira são indicadas entre colchetes junto às indicações de página da tradução alemã. (N.T.)]

tarefa, que se eleva irresolvida à sua frente. Ela teria de esclarecer o fato surpreendente de que, sob uma determinada condição, esse indivíduo que para ela se tornou compreensível sente, pensa e age de modo inteiramente diferente do que seria de esperar, e essa condição é a sua inclusão numa multidão que adquiriu a qualidade de uma "massa psicológica". Mas o que é uma "massa", como ela adquire a capacidade de influenciar a vida psíquica do indivíduo de modo tão decisivo e no que consiste a modificação psíquica que ela lhe impõe?

Responder a essas três perguntas é a tarefa de uma psicologia teórica das massas. Evidentemente, a melhor maneira de começá-la é partindo da terceira pergunta. É a observação da reação modificada do indivíduo que fornece o material à psicologia das massas; toda tentativa de explicação, afinal, tem de ser precedida pela descrição do que cabe explicar.

Passo a palavra agora a Le Bon. Ele afirma (p. 13 [p. 32]): "O que há de mais singular numa massa psicológica é o seguinte: quaisquer que sejam os indivíduos que a compõem, por mais semelhantes ou dessemelhantes que sejam seus modos de vida, suas ocupações, seu caráter ou sua inteligência, a mera circunstância de sua transformação numa massa lhes confere uma alma coletiva, graças à qual sentem, pensam e agem de modo inteiramente diferente do que cada um deles sentiria, pensaria e agiria isoladamente. Há ideias e sentimentos que só surgem ou se transformam em ações nos indivíduos ligados numa massa. A massa psicológica é um ser provisório constituído por elementos heterogêneos que por um momento se ligaram entre si, exatamente como por meio de sua união as células do organismo formam um novo ser com qualidades inteiramente diferentes daquelas das células individuais".

Ao tomarmos a liberdade de interromper a exposição de Le Bon por meio de nossos comentários, damos espaço aqui à seguinte observação: se os indivíduos na massa estão ligados numa unidade, decerto tem de haver algo que os ligue, e esse aglutinante poderia ser precisamente aquilo que é característico da massa. Só que Le Bon não responde a essa pergunta; ele passa a tratar da modificação do indivíduo na massa e a descreve usando expressões que se harmonizam bem com os pressupostos fundamentais de nossa psicologia profunda.

"É fácil constatar o grau de diferença entre o indivíduo pertencente a uma massa e o indivíduo isolado; menos fácil, porém, é descobrir as causas dessa diferença.

"Para encontrar essas causas pelo menos em alguma medida, é preciso se recordar em primeiro lugar da constatação feita pela psicologia moderna de que os fenômenos inconscientes desempenham um papel preponderante não apenas na vida orgânica, mas também nas funções intelectuais. A vida consciente do espírito representa apenas uma parte bem pequena comparada com a vida psíquica inconsciente. A mais sutil análise e a mais penetrante observação encontram apenas um pequeno número dos motivos inconscientes[5] da vida psíquica. Nossos atos conscientes se derivam de um substrato inconsciente, formado sobretudo por influências hereditárias. Esse substrato contém os inúmeros traços ancestrais dos quais se constitui a alma da raça. Por trás dos motivos confessos de nossas ações sem dúvida existem razões secretas que não confessamos, mas por trás delas há razões ainda mais secretas que nem sequer conhecemos. A maioria de nossas ações cotidianas é apenas o efeito de motivos ocultos que nos escapam." (*Ibid.*, p. 14 [p. 33].)

Na massa, opina Le Bon, apagam-se as aquisições dos indivíduos, e com isso desaparecem suas singularidades. O inconsciente racial vem ao primeiro plano, o heterogêneo se perde no homogêneo. Diríamos que a superestrutura psíquica, que se desenvolveu de maneira tão diversa nos indivíduos, é removida,

5. No original consta "conscientes", um lapso de Freud ou talvez do tradutor alemão de Le Bon. A tradução brasileira de *La psychologie des foules* registra "inconscientes". (N.T.)

enfraquecida, e o fundamento inconsciente, semelhante em todos eles, se torna visível (ativo).

Desse modo se produziria um caráter médio nos indivíduos da massa. Só que Le Bon acha que eles também mostram novas qualidades que antes não possuíam, e busca a razão disso em três diferentes fatores.

"A primeira dessas causas consiste em que o indivíduo na massa, pelo mero fato da quantidade, adquire um sentimento de poder invencível, que lhe permite entregar-se a instintos [*Triebe*] que, sozinho, necessariamente teria refreado. Ele terá ainda menos motivos para se refrear quando se considera que, devido ao caráter anônimo e, por conseguinte, irresponsável da massa, desaparece inteiramente o sentimento de responsabilidade que sempre detém os indivíduos." (*Ibid.*, p. 15 [p. 34-35].)

De nosso ponto de vista, não precisamos dar tanta importância ao surgimento de novas qualidades. Bastaria que disséssemos que na massa o indivíduo é colocado sob condições que lhe permitem se livrar dos recalcamentos de suas moções de impulso inconscientes. As qualidades aparentemente novas que ele então mostra são justamente as manifestações desse inconsciente, que, afinal, contém tudo o que há de malvado na alma humana; o desaparecimento da consciência moral ou do sentimento de responsabilidade nessas circunstâncias não oferece qualquer dificuldade para nossa compreensão. Há muito já afirmamos que o núcleo da chamada consciência moral é o "medo social".[6]

"Uma segunda causa, o contágio, contribui igualmente para produzir nas massas a manifestação de características especiais e ao mesmo tempo sua orientação. O contágio é um fenômeno fácil de constatar, mas inexplicável, que temos de incluir na categoria dos fenômenos de tipo hipnótico que estudaremos logo a seguir. Na multidão, todo sentimento, todo ato é contagioso, e isso em grau tão elevado que o indivíduo muito facilmente sacrifica seu interesse pessoal ao interesse coletivo. Essa é uma aptidão inteiramente contrária à sua natureza, da qual o homem só é capaz na condição de membro de uma massa." (*Ibid.*, p. 16 [p. 35].)

Mais adiante, basearemos uma conjectura importante nessa última frase.

---

6. Surge uma certa diferença entre a concepção de Le Bon e a nossa pelo fato de seu conceito de inconsciente não coincidir inteiramente com aquele adotado pela psicanálise. O inconsciente de Le Bon contém sobretudo as características mais profundas da alma da raça, que, para a psicanálise individual, no fundo não entra em consideração. Não desconhecemos, é verdade, que o núcleo do eu (o isso, como o chamei mais tarde), ao qual pertence a "herança arcaica" da psique humana, é inconsciente, mas, além disso, isolamos o "recalcado inconsciente", que resultou de uma parte dessa herança. Esse conceito de recalcado falta a Le Bon.

"Uma terceira causa, e na verdade a mais importante, determina nos indivíduos reunidos numa massa qualidades especiais que são inteiramente contrárias às do indivíduo isolado. Falo aqui da sugestionabilidade, da qual o mencionado contágio, aliás, é apenas um efeito.

"Para compreender esse fenômeno cabe ter presentes certas descobertas recentes da fisiologia. Sabemos agora que, mediante procedimentos variados, um ser humano pode ser colocado num estado tal que, depois de perder sua inteira personalidade consciente, obedeça a todas as sugestões daquele que o privou dela e cometa os atos mais contrários ao seu caráter e aos seus hábitos. Ora, observações bastante cuidadosas parecem provar que um indivíduo mergulhado por algum tempo no seio de uma massa ativa logo se encontra – devido a emanações que dela se desprendem ou a alguma outra causa desconhecida – num estado particular que muito se aproxima da fascinação que acomete o hipnotizado sob a influência do hipnotizador. (...) A personalidade consciente desaparece por inteiro, a vontade e o discernimento estão ausentes, todos os sentimentos e pensamentos se orientam na direção estabelecida pelo hipnotizador.

"Esse é aproximadamente o estado do indivíduo que pertence a uma massa psicológica. Ele não tem mais consciência de seus atos. Nele, como no hipnotizado, enquanto certas faculdades estão suspensas, outras podem ser levadas a um grau de intensidade extrema. Sob a influência de uma sugestão, ele se lançará com um impulso irresistível à execução de determinadas ações. E esse ímpeto é ainda mais irresistível nas massas do que no hipnotizado, pois a sugestão, que é a mesma para todos os indivíduos, aumenta devido à reciprocidade." (*Ibid.*, p. 16 [p. 35-36].)

"Portanto, as principais características do indivíduo que se encontra na massa são as seguintes: desaparecimento da personalidade consciente, predomínio da personalidade inconsciente, orientação dos pensamentos e dos sentimentos na mesma direção por meio da sugestão e do contágio, tendência à execução imediata das ideias sugeridas. O indivíduo não é mais ele mesmo; tornou-se um autômato desprovido de vontade." (*Ibid.*, p. 17 [p. 36].)

Reproduzi essa citação tão minuciosamente para reforçar o fato de que Le Bon realmente qualifica o estado do indivíduo na massa como um estado hipnótico, e não apenas o compara com um tal estado. Não temos a intenção de contradizê-lo; apenas queremos destacar que as duas últimas causas da modificação do indivíduo na massa, o contágio e a elevada sugestionabilidade, evidentemente não são da mesma espécie, visto que o contágio, afinal, também seria uma manifestação da sugestionabilidade. Os efeitos de ambos os fatores tampouco nos parecem nitidamente separados no texto de Le Bon. Talvez a melhor maneira de interpretar suas palavras seja relacionar o contágio com o efeito de cada um dos membros da massa sobre os outros, enquanto os fenômenos de sugestão na massa, equiparados aos fenômenos da influência hipnótica, remetem a uma outra fonte. Mas a qual? Uma deficiência sensível que tem de nos impressionar é o fato de uma das peças principais dessa comparação, isto é, a pessoa que faz as vezes de hipnotizador da massa, não ser mencionada na exposição de Le Bon. Em todo caso, ele distingue entre essa influência fascinadora deixada nas sombras e o efeito contagioso que os indivíduos exercem uns sobre os outros, e pelo qual a sugestão original se reforça.

Eis outro ponto de vista importante para a avaliação do indivíduo na massa: "Além disso, pelo mero fato de pertencer a uma massa organizada, o ser humano desce vários degraus na escala da civilização. Em seu isolamento, era talvez um indivíduo culto; na massa, é um bárbaro, isto é, um ser instintivo [*Triebwesen*]. Possui a espontaneidade, a violência, a ferocidade e também o entusiasmo e o heroísmo dos seres primitivos." (*Ibid.*, p. 17 [p. 36-37].) Le Bon ainda se detém de maneira especial na diminuição da capacidade intelectual que o indivíduo experimenta ao se fundir na massa.[7]

Deixemos agora os indivíduos e nos voltemos para a descrição da psique das massas, tal como esboçada por Le Bon. Não há nessa descrição qualquer traço cuja derivação e acomodação causasse dificuldades ao psicanalista. O próprio Le Bon nos aponta o caminho ao indicar a correspondência com a vida psíquica dos primitivos e das crianças (*ibid.*, p. 19 [p. 39]).

A massa é impulsiva, instável e irritável. Ela é guiada quase que exclusivamente pelo inconsciente.[8] Os impulsos [*Impulse*] aos quais a massa obedece podem, segundo as circunstâncias, ser nobres ou cruéis, heroicos ou covardes, mas em todo caso são tão imperiosos que o interesse pessoal não se fará valer, nem sequer o interesse da autoconservação (*ibid.*, p. 20 [p. 40]). Nada nela é premeditado. Por mais que ela queira as coisas apaixonadamente, nunca as

7. Ver o dístico de Schiller: "Cada pessoa, vista à parte, até passa por inteligente e sensata; / Mas basta estar num grupo, e, vejam, eis um imbecil".

8. "Inconsciente" é corretamente empregado por Le Bon no sentido descritivo, em que não significa apenas o "recalcado".

quer por muito tempo; ela é incapaz de uma vontade durável. Não tolera nenhuma demora entre seu desejo e a realização do desejado. Ela tem um sentimento de onipotência; para o indivíduo na massa, a noção de impossibilidade desaparece.[9]

A massa é extraordinariamente influenciável e crédula; é desprovida de crítica; para ela, o improvável não existe. Ela pensa por imagens que se evocam associativamente umas às outras, tal como ocorre ao indivíduo nos estados do livre fantasiar, e nenhuma instância razoável afere sua correspondência com a realidade. Os sentimentos da massa são sempre muito simples e muito exagerados. Assim, a massa não conhece nem a dúvida nem a incerteza.[10]

Ela vai logo ao extremo; a suspeita manifestada logo se transforma em certeza irrefutável, um germe

---

9. Ver *Totem e tabu* (1912-1913), III, "Animismo, magia e onipotência dos pensamentos".

10. Na interpretação dos sonhos, à qual, afinal, devemos nossos melhores conhecimentos sobre a vida psíquica inconsciente, obedecemos à regra técnica de não considerar a dúvida e a incerteza que surgem no relato do sonho e de tratar cada elemento do sonho manifesto como igualmente garantido. Derivamos a dúvida e a incerteza a partir da ação da censura à qual está submetido o trabalho do sonho, e supomos que os pensamentos oníricos primários não conhecem a dúvida e a incerteza como faculdades críticas. Sob a forma de conteúdos, elas naturalmente podem se encontrar, como qualquer outra coisa, nos restos diurnos que levam ao sonho. (Ver *A interpretação dos sonhos*, L&PM POCKET, vol. 1061, p. 542-544.)

de antipatia se transforma em ódio selvagem (*ibid.*, p. 32 [p. 52]).[11]

Inclinada ela própria a todos os extremos, a massa só é excitada por estímulos desmedidos. Quem quiser agir sobre ela não precisa de nenhuma ponderação lógica de seus argumentos; tem de pintar as imagens mais fortes, exagerar e repetir sempre a mesma coisa.

Visto que a massa não tem dúvidas quanto ao verdadeiro e ao falso, e ao mesmo tempo tem consciência de sua grande força, ela é tão intolerante quanto crédula na autoridade. Ela respeita a força e se deixa influenciar apenas mediocremente pela bondade, que para ela significa apenas uma forma de fraqueza. O que ela exige de seus heróis é força, inclusive violência. Ela quer ser dominada, oprimida e temer seus senhores. No fundo completamente conservadora,

11. A mesma intensificação de todos os sentimentos até o extremo e o desmedido também pertence à afetividade da criança e é encontrada na vida onírica, em que, graças ao isolamento – que predomina no inconsciente – de cada sentimento, um ligeiro incômodo diurno se expressa como desejo de morte em relação à pessoa culpada, ou um assomo de uma tentação qualquer se transforma em estímulo para um ato criminoso figurado no sonho. A propósito desse fato, o dr. Hanns Sachs fez esta bela observação: "Busquemos na consciência as relações com o presente (a realidade) que nos foram comunicadas pelo sonho e não nos admiremos se o monstro que vimos sob a lente de aumento da análise não passar de um infusório". (Ver *A interpretação dos sonhos*, L&PM POCKET, vol. 1061, p. 648.)

ela tem a mais profunda aversão a todas as novidades e progressos, e um respeito ilimitado pela tradição (*ibid.*, p. 37 [p. 55-56]).

Para julgar corretamente a moralidade das massas, temos de considerar que na reunião dos indivíduos da massa todas as inibições individuais são anuladas e todos os instintos cruéis, brutais e destrutivos, que dormitam no indivíduo como restos dos tempos primitivos, são despertados para a livre satisfação dos impulsos. Mas, sob a influência da sugestão, as massas também são capazes de atos elevados de renúncia, altruísmo e dedicação a um ideal. Enquanto no indivíduo isolado a vantagem pessoal é praticamente a única mola propulsora, na massa ela predomina muito raramente. Pode-se falar de uma moralização do indivíduo pela massa (*ibid.*, p. 39 [p. 58]). Enquanto a capacidade intelectual da massa sempre se encontra bem abaixo da do indivíduo, seu comportamento ético pode tanto ficar muito acima desse nível quanto muito abaixo.

Alguns outros traços da caracterização leboniana lançam uma luz intensa sobre a legitimidade de se identificar a psique das massas com a dos primitivos. Nas massas, as ideias mais antagônicas podem coexistir e se harmonizar sem que de sua contradição lógica resulte um conflito. Mas o mesmo é o caso na vida psíquica inconsciente dos indivíduos, das crianças e dos neuróticos, como a psicanálise há muito já demonstrou.[12]

Além disso, a massa está sujeita ao poder verdadeiramente mágico das palavras, que podem provocar na sua psique as mais terríveis tempestades e também acalmá-las (*ibid.*, p. 74 [p. 98]). "Com razão e argumentos não se pode lutar contra certas palavras

12. Na criança pequena, por exemplo, atitudes emocionais ambivalentes em relação às pessoas mais próximas coexistem por longo tempo, sem que uma perturbe a expressão de sua contrária. Quando finalmente ocorre um conflito entre ambas, muitas vezes ele é resolvido por uma mudança de objeto feita pela criança, que desloca uma das moções ambivalentes para um objeto substitutivo. Na história evolutiva da neurose de um adulto também podemos verificar que uma moção reprimida com frequência se estende por longo tempo em fantasias inconscientes ou mesmo conscientes, cujo conteúdo naturalmente contraria de maneira direta uma aspiração dominante, sem que dessa oposição resulte uma intervenção do eu contra aquilo que ele rejeitou. A fantasia é tolerada por um bom tempo, até que de súbito, habitualmente em consequência de uma intensificação do investimento afetivo da mesma, se produz o conflito entre ela e o eu, com todas as suas consequências.
No avanço do desenvolvimento da criança ao adulto maduro ocorre em geral uma *integração* sempre maior da personalidade, uma síntese das moções de impulso e das aspirações isoladas que nela cresceram de maneira independente. O processo análogo no âmbito da vida sexual já nos é conhecido há muito tempo como síntese de todos os impulsos sexuais na organização genital definitiva (*Três ensaios de teoria sexual*, 1905 *d.*). Aliás, muitos exemplos bem conhecidos – como o dos naturalistas que continuam acreditando na Bíblia, entre outros – mostram que a unificação do eu pode experimentar as mesmas perturbações que a da libido. – As diferentes possibilidades de uma posterior desagregação do eu constituem um capítulo especial da psicopatologia.

e fórmulas. Pronunciadas com devoção diante das massas, imediatamente os rostos se tornam respeitosos e as cabeças se inclinam. Muitos as consideram forças da natureza ou poderes sobrenaturais." (*Ibid.*, p. 75 [p. 98].) Basta recordar os tabus dos nomes entre os primitivos e as forças mágicas que para eles se ligam a nomes e palavras.[13]

E por fim: as massas nunca conheceram a sede da verdade. Elas exigem ilusões, às quais não podem renunciar. Nelas, o irreal sempre tem precedência sobre o real; aquele as influencia com quase tanta força quanto este. Elas têm uma tendência evidente a não fazer qualquer distinção entre ambos (*ibid.*, p. 47 [p. 67-68]).

Esse predomínio da vida da fantasia e da ilusão sustentada pelo desejo irrealizado foi indicado por nós como determinante para a psicologia das neuroses. Descobrimos que para os neuróticos não vale a prosaica realidade objetiva, e sim a realidade psíquica. Um sintoma histérico se baseia numa fantasia, em vez de na repetição de uma experiência real; uma consciência de culpa neurótico-obsessiva, no fato de uma má intenção que nunca chegou a ser executada. Sim, como no sonho e na hipnose, na atividade psíquica da massa a prova de realidade recua diante da força das moções de desejo afetivamente investidas.

13. Ver *Totem e tabu*.

O que Le Bon diz sobre os líderes[14] das massas é menos exaustivo e não permite entrever tão claramente quais seriam as leis em jogo. Ele afirma que tão logo certo número de seres vivos esteja reunido, quer se trate de um rebanho de animais ou de uma multidão humana, instintivamente eles se colocarão sob a autoridade de um chefe (*ibid.*, p. 86 [p. 111]). A massa é um rebanho obediente, que nunca pode viver sem senhor. Ela tem tal sede de obedecer que se subordina instintivamente a qualquer um que se nomeie seu senhor.

Se a necessidade da massa vem assim ao encontro do líder, este, no entanto, tem de lhe corresponder por meio de qualidades pessoais. Ele próprio tem de estar fascinado por uma fé intensa (numa ideia) para despertar fé na massa, tem de possuir uma vontade forte, imponente, aceita pela massa desprovida de vontade. Depois Le Bon trata das diferentes espécies de líderes e dos meios pelos quais atuam sobre a massa. Para ele, em resumo, os líderes adquirem importância devido às ideias pelas quais eles próprios estão fanatizados.

Além disso, ele atribui tanto a essas ideias quanto aos líderes um poder misterioso e irresistível que

---

14. Aqui o termo *Führer* adquire toda sua força de história. Embora uma palavra comum em alemão, mais tarde será associada imediatamente a Adolf Hitler. Foi no mesmo ano de publicação deste ensaio de Freud (1921) que o partido nazista adotou o chamado *Führerprinzip* (princípio da liderança). (N.R.)

denomina de "prestígio". O prestígio é uma espécie de domínio que um indivíduo, uma obra ou uma ideia exerce sobre nós. Ele paralisa toda a nossa capacidade crítica e nos enche de assombro e de respeito. Ele seria capaz de produzir um sentimento semelhante ao da fascinação na hipnose (*ibid.*, p. 96 [p. 122]).

Le Bon distingue o prestígio adquirido ou artificial do prestígio pessoal. O primeiro é concedido a pessoas pelo nome, pela riqueza e pela reputação, e a opiniões, obras de arte e afins, pela tradição. Visto que em todos os casos ele remonta ao passado, pouco nos ajudará na compreensão dessa influência enigmática. O prestígio pessoal adere a poucas pessoas, que graças a ele se tornam líderes, e faz com que tudo lhes obedeça como que sob o efeito de um encanto magnético. No entanto, todo prestígio também depende do sucesso, e se perde devido aos insucessos (*ibid.*, p. 103 [p. 129]).

Não obtivemos a impressão de que em Le Bon o papel dos líderes e a ênfase no prestígio tenham sido devidamente harmonizados com a descrição da psique das massas, apresentada de maneira tão brilhante.

III

Outras apreciações da vida psíquica coletiva

Servimo-nos da exposição de Le Bon à maneira de introdução por coincidir muitíssimo com a nossa própria psicologia na ênfase dada à vida psíquica inconsciente. Mas agora temos de acrescentar que, no fundo, nenhuma das afirmações desse autor traz algo novo. Tudo o que diz de desfavorável e depreciativo sobre as manifestações da psique das massas já foi dito por outros antes dele com a mesma precisão e a mesma hostilidade, e é repetido com as mesmas palavras por pensadores, estadistas e poetas desde a bibliografia mais antiga.[15] As duas teses que contêm as opiniões mais importantes de Le Bon – a inibição coletiva da capacidade intelectual e a intensificação da afetividade na massa – haviam sido formuladas pouco antes por Sighele.[16] No fundo, restam como próprios de Le Bon apenas dois pontos de vista, o do inconsciente e o da comparação com a vida psíquica dos primitivos,

15. Ver o texto e a bibliografia em B. Kraškovič (1915).

16. Ver Walter Moede (1915).

que, naturalmente, também foram abordados muitas vezes antes dele.

Mas, mais do que isso, a descrição e a apreciação da psique das massas tal como oferecidas por Le Bon e por outros autores de forma alguma permaneceram incontestadas. Não há dúvida de que todos os fenômenos da psique das massas antes descritos foram corretamente observados, mas também há outras manifestações da formação de massas, atuando de maneira praticamente oposta, das quais temos de derivar uma avaliação muito mais elevada da psique das massas.

Também Le Bon estava disposto a admitir que, às vezes, a moralidade das massas pode ser mais elevada do que a dos indivíduos que a compõem, e que apenas as coletividades são capazes de altruísmo e dedicação elevados.

"Enquanto no indivíduo isolado a vantagem pessoal é praticamente a única mola propulsora, na massa ela predomina muito raramente." (Le Bon, p. 38 [p. 58].)

Outros autores declaram que é apenas a sociedade que prescreve as normas da moralidade ao indivíduo, enquanto este, em geral, de uma forma ou de outra, não corresponde a essas elevadas pretensões. Ou que em situações excepcionais se produz numa coletividade o fenômeno do entusiasmo, que possibilitou os mais grandiosos feitos das massas.

Quanto à capacidade intelectual, subsiste o fato, é verdade, de que as grandes decisões do trabalho do intelecto, as importantes descobertas e soluções de problemas, apenas são possíveis ao indivíduo que trabalha na solidão. Mas a psique das massas também é capaz de criações intelectuais geniais, como demonstram sobretudo a própria linguagem, mas também a canção popular, o folclore etc. E, além disso, fica em aberto o quanto o pensador ou o poeta isolado deve às incitações da massa em que vive, se ele é mais do que alguém que completa um trabalho psíquico no qual, ao mesmo tempo, os outros também tomaram parte.

Em vista dessas contradições absolutas, parece que o trabalho da psicologia das massas teria de resultar infrutífero. Só que é fácil achar uma saída mais promissora. É provável que se tenha reunido sob o nome de "massas" formações muito diferentes que necessitem de uma separação. As descrições de Sighele, Le Bon e outros se referem a massas de tipo efêmero constituídas rapidamente por indivíduos heterogêneos devido a um interesse passageiro. É evidente que as características das massas revolucionárias, em especial as da grande Revolução Francesa, influenciaram suas descrições. As afirmações opostas provêm da apreciação daquelas massas ou socializações estáveis em que os seres humanos passam suas vidas e que se corporificam nas instituições da sociedade. As massas do primeiro tipo são, por assim dizer, sobrepostas às últimas assim como no mar as ondas curtas, mas altas, se sobrepõem às longas.

McDougall, que em seu livro *A mente grupal* (1920 *a*) parte da mesma contradição acima mencionada, encontra sua solução no fator da organização. No caso mais simples, afirma, a massa (*group*) não possui absolutamente nenhuma organização ou esta é insignificante. Ele chama tal massa de multidão (*crowd*). Porém, admite que dificilmente uma multidão se reúne sem que nela se formem pelo menos os primeiros rudimentos de uma organização, e que precisamente nessas massas simples é possível reconhecer com especial facilidade alguns fatos fundamentais da psicologia coletiva (*ibid.*, p. 22). Para que os membros casualmente reunidos de uma multidão formem algo como uma massa no sentido psicológico, a condição exigida é que esses indivíduos tenham algo em comum, um interesse comum por um objeto, uma orientação emocional similar em certa situação e (eu inseriria: consequentemente) um certo grau de capacidade para se influenciar uns aos outros ("*some degree of reciprocal influence between the members of the group*", *ibid.*, p. 23). Quanto mais fortes forem esses elementos comuns ("*this mental homogeneity*"), tanto mais facilmente os indivíduos formam uma massa psicológica e tão mais chamativas são as manifestações de uma "psique de massa".

Bem, mas o mais notável e ao mesmo tempo o mais importante fenômeno da formação de massas é a intensificação da afetividade produzida em cada indivíduo ("*exaltation or intensification of emotion*", *ibid.*, p. 24). Pode-se dizer, afirma McDougall, que sob outras condições os afetos dos seres humanos dificilmente chegam ao nível que podem atingir numa massa, e, na verdade, é uma sensação prazerosa para os participantes entregar-se dessa maneira tão ilimitada a suas paixões e, enquanto isso, desaparecer na massa, perder a sensação de sua delimitação individual. McDougall explica esse arrebatamento dos indivíduos pelo que chama de "*principle of direct induction of emotion by way of the primitive sympathetic response*" (*ibid.*, p. 25)[17], isto é, pelo nosso já conhecido contágio emocional. O fato é que os sinais percebidos de um estado afetivo são capazes de provocar automaticamente o mesmo afeto naquele que os percebe. Essa compulsão automática se torna tão mais forte quanto maior for o número de pessoas em que se perceba simultaneamente o mesmo afeto.

17. "Princípio da indução direta da emoção por via da reação simpática primitiva." (N.T.)

Então a crítica do indivíduo se cala e ele se deixa deslizar para dentro do mesmo afeto. Mas, ao fazê-lo, eleva a excitação dos outros que agiram sobre ele, e assim se intensifica a carga afetiva dos indivíduos por meio da indução recíproca. É evidente que está em ação aí algo como uma compulsão a imitar os outros, a permanecer em harmonia com o grande número. Os sentimentos mais grosseiros e mais simples têm maiores probabilidades de se difundir dessa maneira numa massa (*ibid.*, p. 39).

Esse mecanismo de intensificação afetiva ainda é favorecido por algumas outras influências que emanam da massa. Esta causa no indivíduo a impressão de um poder irrestrito e de um perigo invencível. Por um momento, ela se colocou no lugar da sociedade humana inteira, que é a portadora da autoridade cujas punições as pessoas temem e por amor à qual se impõem tantas inibições. É evidentemente perigoso se opor a ela, e a pessoa está segura ao seguir o exemplo que se mostra à sua volta, ou seja, sendo eventualmente inclusive uma "maria vai com as outras". Em obediência à nova autoridade, a pessoa está autorizada a desativar sua "consciência moral" anterior e ao mesmo tempo ceder à tentação do ganho de prazer que certamente obterá mediante a suspensão de suas inibições. Assim, de maneira geral, não é tão estranho que vejamos o indivíduo na massa fazendo ou aprovando coisas que teria evitado em suas condições de vida habituais, e podemos inclusive nutrir a esperança de assim aclarar um pouco a escuridão habitualmente coberta com a enigmática palavra "sugestão".

McDougall tampouco contradiz a tese da inibição coletiva da inteligência na massa (*ibid.*, p. 41). Ele afirma que as inteligências inferiores arrastam para seu nível as superiores. Estas são inibidas em sua atividade porque a intensificação da afetividade em geral produz condições desfavoráveis para o trabalho intelectual correto e, além disso, porque os indivíduos são intimidados pela massa e seu trabalho de pensamento não está livre, e porque em cada indivíduo diminui a consciência da responsabilidade pelos seus atos.

O julgamento geral sobre a capacidade psíquica de uma massa simples, "não organizada", não é mais favorável em McDougall do que em Le Bon. Tal massa é (*ibid.*, p. 45): extremamente excitável, impulsiva, passional, inconstante, inconsequente, indecisa e ao mesmo tempo disposta a ações extremas, acessível apenas às paixões mais grosseiras e aos sentimentos mais simples, extraordinariamente sugestionável, leviana em suas reflexões, violenta em seus juízos, receptiva apenas às conclusões e aos argumentos mais simples e mais incompletos, fácil de conduzir e de comover, desprovida de consciência de si, de respeito por si e de sentimento de responsabilidade, mas disposta a se deixar arrastar pela consciência de sua força a todas as atrocidades que só podemos esperar de um poder absoluto e irresponsável. Portanto, ela se comporta antes como uma criança malcriada ou como um selvagem passional e não vigiado numa situação que lhe é estranha; nos piores casos, seu comportamento é antes o de uma manada de animais selvagens que o de seres humanos.

Visto que McDougall opõe o comportamento das massas altamente organizadas ao aqui descrito, ficamos particularmente curiosos por saber em que consiste essa organização e por quais fatores é produzida. O autor enumera cinco dessas "*principal conditions*" para a elevação da vida psíquica da massa a um nível superior.

A primeira condição fundamental é um certo grau de continuidade na existência da massa. Tal continuidade pode ser material ou formal; é material quando as mesmas pessoas permanecem por longo tempo na massa, e formal quando se desenvolveram no interior da massa certas posições que são indicadas às pessoas que vão substituindo umas às outras.

A segunda condição é que no indivíduo da massa tenha se formado uma determinada ideia da natureza, da função, das faculdades e das exigências da massa, de modo que disso possa resultar para ele uma relação emocional com o todo da massa.

A terceira, que a massa se relacione com outras formações de massa semelhantes a ela, mas diferentes em muitos pontos; por exemplo, que rivalize com elas.

A quarta, que a massa possua tradições, costumes e instituições, especialmente aqueles que se referem à relação de seus membros entre si.

A quinta, que exista na massa uma divisão que se exprima na especialização e na diferenciação da função que cabe ao indivíduo.

Segundo McDougall, a satisfação dessas condições anula as desvantagens psíquicas da formação de massa. Evita-se o rebaixamento coletivo da faculdade da inteligência ao privar a massa da solução das tarefas intelectuais e reservá-la a indivíduos que dela fazem parte.

Parece-nos que a condição que McDougall chamou de "organização" da massa pode com mais legitimidade ser descrita de outra maneira. A tarefa consiste em proporcionar à massa precisamente aquelas qualidades que eram características do indivíduo e que foram apagadas pela formação da massa. Pois o indivíduo tinha – fora da massa primitiva – sua continuidade, sua consciência de si, suas tradições e hábitos, seu trabalho e seu enquadramento específicos, e se mantinha à parte de outros com os quais rivalizava. Ele perdeu essa peculiaridade por um momento ao entrar na massa não "organizada". Assim, se reconhecermos que a meta é dotar a massa dos atributos do indivíduo, somos lembrados de uma observação valiosa de W. Trotter[18], que vê na tendência à formação de massas uma continuação biológica da pluricelularidade de todos os organismos superiores.[19]

18. *Os instintos do rebanho na paz e na guerra* (1916). [Wilfred Trotter (1872-1939) foi um cirurgião inglês, interessado em pesquisas na área da psicologia social. (N.R.)]

19. Em oposição a uma crítica de Hans Kelsen (1922), sob outros aspectos compreensiva e perspicaz, não posso admitir que dotar a "psique de massa" de organização signifique hipostasiá-la, isto é, reconhecer uma independência em relação aos processos psíquicos no indivíduo.

IV

Sugestão e libido

Partimos do fato fundamental de que um indivíduo numa massa, devido à influência desta, experimenta uma modificação muitas vezes profunda de sua atividade psíquica. Sua afetividade se intensifica extraordinariamente e sua capacidade intelectual se limita de maneira notável, e é evidente que ambos os processos estão orientados para uma adaptação aos demais indivíduos da massa; um resultado que só pode ser atingido mediante a supressão das inibições dos impulsos próprias a cada indivíduo e mediante a renúncia às conformações especiais de suas inclinações. Vimos que esses efeitos muitas vezes indesejados são bloqueados pelo menos em parte por meio de uma "organização" superior das massas, mas o fato fundamental da psicologia das massas – as teses da intensificação do afeto e da inibição do pensamento na massa primitiva – não foi contestado por isso. Nosso interesse agora é encontrar a explicação psicológica para essa mudança psíquica do indivíduo na massa.

Fatores racionais, como a antes mencionada intimidação do indivíduo, ou seja, a ação de seu impulso de autoconservação, evidentemente não cobrem os fenômenos que cabe observar. O que normalmente nos é oferecido como explicação pelos autores da sociologia e da psicologia das massas é sempre o mesmo, ainda que sob nomes diferentes: a palavra mágica *sugestão*. Tarde a chama de *imitação*[20], mas temos de dar razão a um autor que nos mostra que a imitação cai sob o conceito de sugestão, sendo justamente uma consequência dela.[21] Le Bon atribui tudo o que há de estranho nos fenômenos sociais a dois fatores, a sugestão mútua dos indivíduos e o prestígio dos líderes. Mas o prestígio, por sua vez, apenas se manifesta no efeito de produzir sugestão. McDougall nos deu por um momento a impressão de que seu princípio da "indução primária de afeto" tornava dispensável a hipótese da sugestão. Mas, pensando um pouco melhor, temos de reconhecer que esse princípio não enuncia outra coisa senão as conhecidas teses da "imitação" ou do "contágio", apenas enfatizando de maneira mais decidida o fator afetivo. Não há dúvida de que existe em nós uma tendência, quando percebemos um sinal de um estado afetivo em outra pessoa, a sucumbir ao

20. Gabriel Tarde (1843-1904) desenvolve estas ideias em seu livro de 1890, *As leis da imitação*. (N.R.)

21. Brugeilles (1913).

mesmo afeto, mas quantas vezes não resistimos a essa tendência com sucesso, repelindo o afeto e muitas vezes reagindo de maneira completamente oposta? Por que, então, geralmente cedemos a esse contágio na massa? Mais uma vez se teria de dizer que é a influência sugestiva da massa que nos força a obedecer a essa tendência imitativa e que induz o afeto em nós. De resto, também no livro de McDougall não conseguimos evitar a sugestão; como outros autores, ele também afirma que as massas se distinguem por uma especial sugestionabilidade.

Desse modo, somos preparados para o enunciado de que a sugestão (ou, mais corretamente, a sugestionabilidade) é um fenômeno primordial não redutível, um fato fundamental da vida psíquica humana. Era o que também pensava Bernheim, de cujas artes assombrosas fui testemunha em 1889[22]. Mas me recordo de uma oposição surda a essa tirania da sugestão, já naquela época. Quando gritavam com um paciente que não se mostrava dócil usando as palavras: "Mas o que o senhor está fazendo? *Vous vous contre-suggestionnez!* [O senhor está se

22. No verão de 1889 Freud passou algumas semanas em Nancy no serviço do dr. Hippolyte Bernheim. Bernheim vai aproximar os fenômenos da hipnose aos da sugestão, mostrando a potência da influência exercida pelo médico no paciente. Aqui vemos uma abertura importante para o conceito de transferência que Freud desenvolverá mais tarde. (N.R.)

contrassugestionando!]", eu me dizia que isso era uma injustiça evidente e um ato de violência. O homem certamente tinha o direito à contrassugestão quando se tentava submetê-lo com sugestões. Mais tarde, minha resistência tomou o rumo de uma rebelião contra o fato de que a sugestão, que tudo explicava, pudesse ela mesma escapar a explicações. Referindo-me a ela, repeti aquela velha charada:[23]

Cristóvão carregava Cristo,
Cristo carregava o mundo inteiro;
Saberás me dizer onde, afinal,
Cristóvão apoiava o pé?

Cristophorus Christum, sed Christus sustulit orbem:
Constiterit pedibus dic ubi Christophorus?

Se agora, depois de um afastamento de mais ou menos trinta anos, me aproximo outra vez do enigma da sugestão, descubro que nada se modificou nesse assunto. Ao afirmar isso, posso desconsiderar uma única exceção, que testemunha justamente a influência da psicanálise. Vejo que se faz um esforço especial para formular corretamente o conceito de sugestão, ou seja, fixar convencionalmente o uso do

23. Konrad Richter, "Der deutsche St. Christoph" ["O são Cristóvão alemão"]. *Acta Germanica*, vol. 5, n. 1, 1896.

termo[24], e isso não é supérfluo, pois a palavra está enfrentando um uso sempre mais amplo com um significado impreciso, e logo designará qualquer influência, como no inglês, em que *to suggest* e *suggestion* correspondem aos nossos *nahelegen* [sugerir, insinuar, dar a entender] e *Anregung* [incitação, estimulação, sugestão]. Mas não se conseguiu encontrar uma explicação sobre a natureza da sugestão, isto é, sobre as condições sob as quais se produzem influências sem fundamentação lógica suficiente. Eu não me furtaria à tarefa de demonstrar essa afirmação por meio da análise da literatura destes últimos trinta anos, mas deixo de fazê-lo porque sei que próximo a mim está em preparo uma investigação detalhada que se colocou precisamente essa tarefa.[25]

Em vez disso, farei a tentativa de aplicar ao esclarecimento da psicologia das massas o conceito de *libido*, que tão bons serviços nos prestou no estudo das psiconeuroses.

"Libido" é uma expressão tomada da teoria da afetividade. Chamamos assim a energia, considerada como grandeza quantitativa – ainda que por ora não seja mensurável –, daqueles impulsos que têm a ver com tudo o que podemos reunir na categoria "amor". O núcleo do que chamamos de amor naturalmente

24. McDougall (1920 *b*).

25. Esse trabalho, infelizmente, não foi realizado.

é constituído por aquilo que de hábito é chamado como tal e por aquilo que cantam os poetas, o amor sexual com a meta da união sexual. Mas não separamos disso outras coisas que também tomam parte no termo "amor"; por um lado, o amor-próprio, e, por outro, o amor parental e o amor filial, a amizade e o amor universal ao próximo, e tampouco a dedicação a objetos concretos e a ideias abstratas. Nossa justificativa se encontra no fato de que a investigação psicanalítica nos ensinou que todas essas aspirações são a expressão das mesmas moções de impulso que impelem à união sexual entre os sexos; é verdade que em outras circunstâncias essas aspirações são desviadas dessa meta sexual ou impedidas de atingi-la, mas elas sempre conservam bastante de sua natureza original para manter sua identidade reconhecível (autossacrifício, busca de aproximação).

Opinamos, portanto, que com a palavra "amor", em seus múltiplos usos, a linguagem criou uma síntese plenamente justificada, e não podemos fazer nada melhor a não ser colocá-la também na base de nossas discussões e exposições científicas. Devido a essa decisão, a psicanálise desencadeou uma tempestade de indignação, como se tivesse se tornado culpada de uma novidade sacrílega. E, no entanto, com essa concepção "ampliada" do amor a psicanálise não criou nada original. Em sua origem, função e relação com o amor sexual, o *eros* do filósofo Platão mostra uma correspondência perfeita com a força amorosa, a libido da psicanálise, como Nachmansohn (1915) e Pfister (1921) demonstraram em pormenor; e quando o apóstolo Paulo, na famosa *Epístola aos Coríntios*, exalta o amor acima de todas as outras coisas, certamente o entendeu no mesmo sentido "ampliado"[26], o que só nos ensina que os seres humanos nem sempre levam seus grandes pensadores a sério, ainda que supostamente os admirem muito.

Bem, mas na psicanálise esses impulsos amorosos são chamados *a potiori* [quanto ao essencial], e devido à sua origem, de impulsos sexuais. A maioria das pessoas "cultas" sentiu essa denominação como uma ofensa, e se vingou dela ao lançar contra a psicanálise a censura de "pansexualismo". Quem considera a sexualidade como algo vergonhoso e aviltante para a natureza humana está livre para se servir das expressões mais nobres "eros" e "erotismo". Eu próprio poderia ter feito isso desde o começo, o que teria me poupado de muitos protestos. Mas não quis fazê-lo, pois prefiro evitar concessões à pusilanimidade. Não se sabe onde se vai parar por esse caminho; primeiro

26. "Ainda que eu fale as línguas dos homens e dos anjos, se não tiver amor, serei como o bronze que soa, ou como o címbalo que retine" etc. [1 Coríntios 13, 1. Citado conforme a tradução de João Ferreira de Almeida, Sociedade Bíblica do Brasil, 1969. (N.T.)]

se cede nas palavras, e depois, pouco a pouco, também na coisa. Não posso encontrar mérito algum em ter vergonha da sexualidade; a palavra grega "eros", que atenuaria o insulto, não é afinal outra coisa senão a tradução da palavra "amor"; e, por fim, quem pode esperar não precisa fazer concessões.

Assim, faremos uma tentativa com a hipótese de que as relações amorosas (expresso de maneira indiferente: as ligações emocionais) também constituem a essência da psique das massas. Recordemo-nos de que os autores não mencionam tais relações. O que corresponderia a essas relações evidentemente está oculto por trás do anteparo, do biombo, da sugestão. De início, apoiemos nossa expectativa em dois pensamentos superficiais. Primeiro, a massa evidentemente é mantida coesa por meio de um poder qualquer. Mas a que poder se poderia atribuir esse feito senão a eros, que tudo mantém coeso no mundo? Segundo, quando o indivíduo na massa renuncia à sua singularidade e se deixa sugestionar pelos outros, temos a impressão de que o faz por existir nele uma necessidade de estar antes em harmonia com eles a estar em oposição a eles; ou seja, talvez o faça "por amor a eles".[27]

---

27. Em alemão, *ihnen zuliebe*. O advérbio *zuliebe*, que já ocorrera antes, na p. 60, também admite a tradução por "devido a", "por causa de". (N.T.)

V

Duas massas artificiais: a Igreja e o Exército

Da morfologia das massas, recordemos que se pode distinguir tipos de massas muito diferentes e orientações contrárias em sua formação. Há massas muito fugazes e massas extremamente duradouras; homogêneas, constituídas por indivíduos semelhantes, e não homogêneas; massas naturais e massas artificiais, que para sua coesão também requerem uma coação externa; massas primitivas e massas com divisões, altamente organizadas. Mas, por razões cuja compreensão ainda se encontra velada, gostaríamos de dar importância especial a uma distinção que não recebeu lá muita atenção dos autores; refiro-me à distinção entre massas sem líder e com líder. E, em completa oposição à prática usual, nossa investigação não deverá escolher como ponto de partida uma formação de massa relativamente simples, e sim começar por massas altamente organizadas, duradouras e artificiais. Os exemplos mais interessantes de tais formações são a Igreja, a comunidade dos crentes, e as forças armadas, o Exército.

A Igreja e o Exército são massas artificiais, isto é, se emprega uma certa coação externa para protegê-las da dissolução[28] e impedir modificações em sua estrutura. Em geral, a pessoa não é perguntada se quer entrar numa dessas massas, não tem liberdade de escolha; a tentativa de egressão normalmente é perseguida ou punida com rigor, ou depende de condições bem determinadas. No momento, está muito longe de nosso interesse saber por que essas socializações necessitam de seguranças tão especiais. O que nos atrai é apenas a circunstância de que nessas massas altamente organizadas, assim protegidas da desagregação, se reconhece com grande nitidez certas relações que em outros casos estão muito mais encobertas.

Tanto na Igreja – podemos com vantagem tomar a Igreja Católica como modelo – quanto no Exército, por mais diferentes que ambos possam ser sob outros aspectos, vige a mesma miragem (ilusão) de que há um chefe – na Igreja Católica, Cristo, e no Exército, o general – que ama todos os indivíduos da massa com o mesmo amor. Tudo depende dessa ilusão; se ela fosse abolida, tanto a Igreja quanto o Exército, até o ponto em que a coação externa o permitisse, se desagregariam de imediato. Cristo formula esse amor uniforme expressamente: "O que fizestes a um destes

28. As propriedades "estável" e "artificial" parecem coincidir nas massas, ou, pelo menos, estar intimamente relacionadas.

meus pequeninos irmãos, a mim o fizestes".[29] Sua relação com os indivíduos da massa crente é a de um bondoso irmão mais velho; é para eles um substituto do pai. Todas as exigências feitas aos indivíduos se derivam desse amor de Cristo. Um traço democrático perpassa a Igreja justamente porque todos são iguais diante de Cristo, todos têm a mesma participação em seu amor. Não é sem uma razão profunda que se evoca a semelhança da comunidade cristã com uma família e que os crentes se denominem irmãos em Cristo, isto é, irmãos devido ao amor que Cristo tem por eles. Não há dúvida de que a ligação de cada indivíduo com Cristo também é a causa de sua ligação entre si. Algo parecido vale para o Exército; o general é o pai que ama todos os seus soldados do mesmo modo, e por isso eles são camaradas entre si. O Exército se distingue estruturalmente da Igreja pelo fato de consistir em um escalonamento de tais massas. Cada capitão, por assim dizer, é o general e o pai de seu destacamento; cada sargento, o general e o pai de seu pelotão. É verdade que uma hierarquia semelhante também se formou na Igreja, mas ela não desempenha nesta o mesmo papel econômico, visto que se pode atribuir a Cristo mais saber sobre os indivíduos e mais preocupação por eles do que ao general humano.

29. Mateus 25, 40. (N.R.)

A essa concepção da estrutura libidinosa de um exército se objetará com razão que as ideias de pátria, glória nacional e outras, tão importantes para a coesão do Exército, não encontraram espaço aqui. A réplica é que esse é outro caso, não mais tão simples, de ligação de massas, e, como mostram os exemplos dos grandes comandantes – César, Wallenstein, Napoleão –, tais ideias não são indispensáveis para a existência de um exército. Mais adiante, trataremos brevemente da possível substituição do líder por uma ideia condutora e das relações entre ambos. A negligência desse fator libidinoso no Exército, mesmo quando ele não é o único fator atuante, não parece apenas uma deficiência teórica, mas também um perigo prático. O militarismo prussiano, que era exatamente tão apsicológico quanto a ciência alemã, talvez tenha experimentado isso na Grande Guerra. As neuroses de guerra que desagregavam o Exército alemão foram, afinal, reconhecidas em grande parte como protesto do indivíduo contra o papel que lhe era atribuído no Exército, e, conforme as comunicações de E. Simmel (1918), é lícito afirmar que o tratamento desamoroso que o homem comum recebia de seus superiores estava em primeiro lugar entre os motivos de adoecimento. Se essa exigência libidinal tivesse sido mais bem apreciada, é provável que as fantásticas promessas dos catorze pontos do presidente norte-americano não tivessem recebido crédito tão facilmente, e o grandioso instrumento não teria se partido nas mãos dos estrategistas alemães.[30]

Notemos que nessas duas massas artificiais cada indivíduo se encontra, por um lado, libidinosamente ligado ao líder (Cristo, o general) e, por outro, aos demais indivíduos da massa. Como essas duas ligações se comportam entre si, se elas são similares e equivalentes, e como caberia descrevê-las psicologicamente, essas são questões que temos de reservar a uma investigação posterior. Porém, já agora nos atrevemos a fazer uma leve censura aos autores pelo fato de não terem apreciado suficientemente a importância do líder para a psicologia da massa, enquanto, no nosso caso, a escolha do primeiro objeto de investigação nos colocou numa situação mais favorável. Parece que nos encontramos no caminho correto para explicar o principal fenômeno da psicologia das massas, a ausência de liberdade do indivíduo na massa. Se para cada indivíduo existe uma ligação emocional tão profunda em duas direções, não nos será difícil derivar

30. Freud se refere aos catorze pontos de diretrizes para a paz em relação à Primeira Guerra Mundial apresentadas em 1918 pelo presidente norte-americano Thomas Woodrow Wilson. Tais propostas não se efetivaram e, em seu lugar, prevaleceram as sanções estipuladas pelo Tratado de Versalhes. Freud vai escrever um livro, em parceria com o diplomata americano William Bullit, sobre a vida e o perfil psicológico do presidente Wilson. (N.R.)

dessa relação a modificação e a limitação observadas em sua personalidade.

Uma indicação que vai exatamente no sentido de que a essência de uma massa consiste nas ligações libidinosas nela existentes também nos é dada pelo fenômeno do pânico, que pode ser estudado da melhor maneira nas massas militares. O pânico surge quando uma dessas massas se desagrega. Ele se caracteriza pela não obediência às ordens do superior e pelo fato de cada um cuidar de si, sem consideração pelos outros. As ligações recíprocas cessam, e um medo gigantesco, sem sentido, é liberado. Naturalmente, também nesse caso se fará a objeção de que se trata, antes, do contrário, ou seja, de que o medo se tornou tão grande que pôde se impor sobre todas as considerações e ligações. McDougall (1920 *a*, p. 24) inclusive aproveitou o caso do pânico (entretanto, não do pânico militar) como exemplo para a intensificação afetiva mediante contágio ("*primary induction*"), intensificação por ele enfatizada. Só que esse modo racional de explicação se engana inteiramente aqui. Cabe justamente explicar por que o medo se tornou tão gigantesco. O tamanho do perigo não pode ser acusado por isso, pois o mesmo exército que agora sucumbe ao pânico pode ter suportado perigos igualmente grandes e ainda maiores de maneira impecável, e é por assim dizer da essência do pânico não ser proporcional ao perigo ameaçador, irromper muitas vezes devido aos motivos mais insignificantes. Se o indivíduo, tomado pelo medo pânico, trata de cuidar de si mesmo, testemunha com isso a compreensão de que cessaram as ligações afetivas que até então minimizavam o perigo para ele. Agora, visto que enfrenta o perigo sozinho, certamente tem o direito de considerá-lo maior. Assim, as coisas são de tal modo que o medo pânico pressupõe o afrouxamento na estrutura libidinosa da massa e reage a ele de modo justificado, e não o contrário, ou seja, que as ligações libidinais da massa tenham sucumbido ao medo do perigo.

Essas observações de forma alguma contradizem a afirmação de que o medo na massa cresce imensamente devido à indução (contágio). A concepção de McDougall é perfeitamente adequada para o caso em que o perigo é grande e real, e em que não existam na massa fortes ligações emocionais, condições que se concretizam quando, por exemplo, começa um incêndio num teatro ou num estabelecimento de diversões. O caso instrutivo e empregado para nossos fins é o acima mencionado, em que um corpo militar entra em pânico quando o perigo não aumentou acima do nível habitual e frequentemente bem tolerado. Não se poderá esperar que o uso da palavra "pânico" esteja determinado de maneira nítida e inequívoca. Às vezes se designa assim qualquer medo sentido pela massa, outras vezes também o medo sentido por um indivíduo quando esse medo ultrapassa todas as medidas; muitas vezes, o termo parece reservado para o caso em que a irrupção do medo não é justificada pela sua causa. Se tomarmos a palavra "pânico" na acepção de medo sentido pela massa, podemos enunciar uma vasta analogia. No indivíduo, o medo é causado ou pelo tamanho do perigo ou pela dissolução das ligações emocionais (investimentos libidinais); o último caso é o do medo neurótico.[31] Da mesma forma, o pânico surge pelo aumento do perigo que atinge a todos ou pelo cessar das ligações emocionais que mantêm a massa coesa, e este último caso é análogo ao medo neurótico. (Ver a propósito o artigo rico em ideias, um tanto fantástico, de Béla von Felszeghy, "Pânico e complexo de Pã", 1920.)

Quando, como McDougall (1920 *a*), se descreve o pânico como um dos feitos mais evidentes da "*group mind*", chega-se ao paradoxo de que essa psique de massa se suprime a si mesma numa de suas manifestações mais chamativas. Não há dúvida de que o pânico significa a desagregação da massa, e sua consequência é o cessar de todas as considerações que os indivíduos da massa normalmente mostram uns pelos outros.

31. Ver *Conferências de introdução à psicanálise*, XXV (Freud, 1916-1917).

O motivo típico para a irrupção do pânico é muito semelhante ao apresentado por Nestroy em sua paródia do drama de Hebbel sobre Judite e Holofernes. Eis que grita um soldado: "O general perdeu a cabeça!", e de imediato todos os assírios se põem em fuga. A perda do líder em algum sentido, a perda da confiança nele, provoca a irrupção do pânico mesmo que o perigo se mantenha constante; com o fim da ligação ao líder, também acabam – em geral – as ligações recíprocas entre os indivíduos da massa. A massa se desfaz como uma garrafinha bolonhesa[32] da qual se quebrou a ponta.

A desagregação de uma massa religiosa não é tão fácil de observar. Há pouco veio parar em minhas mãos um romance inglês intitulado *When It Was Dark* [*Quando estava escuro*][33], escrito por um autor católico e recomendado pelo bispo de Londres, que descreve semelhante possibilidade e suas consequências de maneira hábil e, segundo penso, procedente. O romance relata, como se transcorresse no presente,

32. Garrafa que devido ao resfriamento súbito durante sua fabricação se torna extremamente resistente por fora, mas se desfaz ao menor dano causado em seu interior. É produzida da mesma forma que as "lágrimas bolonhesas" (ou "batávicas"), gotas de vidro que também se desfazem assim que se quebra sua ponta. (N.T.)

33. Livro de Guy Thorne, pseudônimo de Cyril Ranger Gull (1876-1923), publicado em 1903. O título completo do romance é *When It Was Dark: The Story of a Great Conspiracy*. (N.R.)

que uma conspiração de inimigos da pessoa de Cristo e da fé cristã consegue simular a descoberta de uma câmara mortuária em Jerusalém, em cuja inscrição José de Arimateia confessa que, por razões de devoção, removeu secretamente de seu túmulo o corpo de Cristo no terceiro dia após o seu sepultamento e ali o depositou. Isso anula a ressurreição de Cristo e sua natureza divina, e a consequência dessa descoberta arqueológica é um abalo da cultura europeia e um aumento extraordinário de todos os atos de violência e crimes, que apenas diminuem depois que se consegue revelar o complô dos falsários.

O que vem à luz nessa desagregação hipotética da massa religiosa não é medo, para o qual faltam motivos, e sim impulsos [*Impulse*] hostis e brutais contra outras pessoas, que até então, graças ao amor de Cristo, igual para todos, não puderam se manifestar.[34] Porém, mesmo durante o reino de Cristo se encontram fora dessa ligação os indivíduos que não pertencem à comunidade dos crentes, que não o amam e que ele não ama; por isso, uma religião, mesmo que se chame de religião do amor, tem de ser dura e sem amor em relação àqueles que não pertencem a ela. No fundo, afinal, toda religião é uma tal religião do

34. Ver a propósito em P. Federn, *Sociedade sem pai* (1919), a explicação de fenômenos semelhantes ocorridos depois da eliminação da autoridade monárquica.

amor para todos que ela abrange, e é natural para todas praticar a crueldade e a intolerância com aqueles que não são seus membros. Por mais difícil que isso nos seja pessoalmente, não se pode fazer uma censura severa demais aos crentes; neste ponto, as coisas são bem mais fáceis, psicologicamente, para os descrentes e para os indiferentes. Se hoje essa intolerância não se manifesta mais de maneira tão violenta e cruel quanto em séculos anteriores, dificilmente se poderá deduzir disso uma atenuação nos costumes dos seres humanos. A causa deve ser buscada, isso sim, no inegável enfraquecimento dos sentimentos religiosos e das ligações libidinosas que deles dependem. Se outra ligação de massas tomar o lugar da religiosa, como a socialista agora parece estar conseguindo[35], resultará, dirigida aos de fora, a mesma intolerância da época das lutas religiosas, e se as diferenças entre concepções científicas alguma vez pudessem adquirir uma importância semelhante para as massas, o mesmo resultado se repetiria também no caso desta motivação.

---

35. Certamente Freud se refere aqui à Revolução Russa de 1917. Em *O futuro de uma ilusão* (L&PM POCKET, 2010), Freud retomará este tema. (N.R.)

VI
Outras tarefas e linhas de trabalho

Investigamos até agora duas massas artificiais e descobrimos que são dominadas por dois tipos de ligações emocionais, das quais uma delas, a ligação com o líder – pelo menos nas massas em questão –, parece ser mais determinante do que a outra, a ligação dos indivíduos da massa entre si.

Porém, ainda haveria muito a investigar e a descrever na morfologia das massas. Teríamos de partir da constatação de que uma mera multidão ainda não é uma massa enquanto não se produzirem nela as ligações mencionadas, mas precisaríamos confessar que numa multidão qualquer se destaca muito facilmente a tendência à formação de uma massa psicológica. Teríamos de dar atenção aos diversos tipos de massas, mais ou menos duráveis, que surgem espontaneamente, estudando as condições de seu surgimento e de sua desagregação. Sobretudo, nos ocuparia a diferença entre massas que têm um líder e massas sem líder. Caberia descobrir se as massas com líder não seriam as mais primordiais e mais completas, se nas outras o líder não poderia ser substituído por uma ideia, uma abstração – situação para a qual as massas religiosas, com seu chefe invisível, já constituem a transição –, e se uma tendência comum, um desejo que pode ser partilhado por um grande número, não proporcionaria o mesmo substituto. Essa abstração, por sua vez, poderia se corporificar de maneira mais ou menos completa na pessoa de um líder secundário, por assim dizer, e da relação entre ideia e líder resultariam variedades interessantes. O líder ou a ideia condutora também poderiam se tornar negativos, por assim dizer; o ódio a determinada pessoa ou instituição poderia atuar da mesma maneira unificadora que a afeição positiva e produzir ligações emocionais semelhantes. Também cabe perguntar se o líder é realmente indispensável para a essência da massa, e outras coisas mais.

Mas todas essas questões, que em parte talvez também sejam tratadas na literatura sobre a psicologia das massas, não serão capazes de desviar nosso interesse dos problemas psicológicos fundamentais que nos são oferecidos pela estrutura de uma massa. Antes de tudo, somos cativados por uma reflexão que nos promete demonstrar pelo caminho mais curto que são as ligações libidinais que caracterizam uma massa.

Temos diante de nós a maneira pela qual os seres humanos em geral se comportam afetivamente entre si. Segundo a famosa alegoria schopenhaueriana dos porcos-espinhos friorentos, ninguém suporta uma aproximação demasiado íntima do outro.[36]

Segundo o testemunho da psicanálise, quase toda relação emocional íntima de longa duração entre duas pessoas – casamento, amizade, relações entre pais e filhos[37] – contém um sedimento de sentimentos de rejeição e de hostilidade que só escapa à percepção devido ao recalcamento. As coisas são mais evidentes

36. "Num gelado dia de inverno, os membros de uma sociedade de porcos-espinhos se aglomeraram bem juntinhos para, por meio do calor mútuo, se proteger do congelamento. Porém, logo sentiram os espinhos uns dos outros, e trataram de se distanciar. Quando a necessidade de aquecimento os aproximou outra vez, repetiu-se o segundo mal, de modo que foram jogados entre uma e outra miséria até encontrarem uma distância média em que pudessem suportar a situação da melhor maneira possível." (*Parergos e paralipômenos*, parte II, cap. 31, "Alegorias, parábolas e fábulas".) [A citação de Freud corresponde apenas à primeira metade da fábula; vale a pena, porém, reproduzir também a segunda: "É assim que a necessidade de companhia, nascida do vazio e da monotonia do próprio íntimo, impele os seres humanos a se procurar, mas suas muitas qualidades desagradáveis e defeitos intoleráveis os afastam novamente. A distância média que por fim encontram, e que é capaz de possibilitar a convivência, consiste na cortesia e nas boas maneiras. Na Inglaterra, as pessoas gritam àquela que não observa essa distância: '*Keep your distance!*' ['Mantenha distância!']. – É verdade que devido a ela a necessidade de aquecimento mútuo é satisfeita apenas de maneira incompleta, mas, em compensação, não se sente a picada dos espinhos. – Quem, no entanto, tiver muito calor interno próprio, faz melhor em ficar longe da sociedade para não causar males nem sofrê-los." (N.T.)]

37. Talvez com a única exceção da relação entre mãe e filho, que, baseada no narcisismo, não será perturbada por rivalidade posterior e será reforçada por um ponto de partida para a escolha sexual de objeto.

quando um sócio discute com o outro, quando um subalterno resmunga contra seu superior. O mesmo acontece quando as pessoas se reúnem em unidades maiores. Sempre que duas famílias se unem por meio de um casamento, cada uma se julga a melhor ou a mais nobre em detrimento da outra. No caso de duas cidades vizinhas, uma se torna a concorrente invejosa da outra; cada pequeno cantão olha o outro com desprezo. Povos estreitamente aparentados se repelem, o alemão do sul não suporta o alemão do norte, o inglês calunia o escocês, o espanhol despreza o português.[38] No caso de diferenças maiores, não nos surpreende mais que resulte uma aversão difícil de superar, como a do gaulês pelo germano, do ariano pelo semita, do branco pelo negro.

Quando a hostilidade se dirige a pessoas que de outro modo são amadas, chamamos isso de ambivalência emocional, e certamente explicamos esse caso de maneira demasiado racional por meio das múltiplas ocasiões para conflitos de interesses que surgem precisamente em relações tão íntimas. Nas antipatias e aversões francas por estranhos próximos podemos reconhecer a expressão de um amor-próprio, de um narcisismo, que aspira por sua autoafirmação e se

38. Freud vai retomar esta reflexão anos mais tarde em seu texto *O mal-estar na cultura* (1930) ao propor o conceito de "narcisismo das pequenas diferenças" (capítulo V). (N.R.)

comporta como se a existência de uma divergência em relação a seus desenvolvimentos individuais implicasse uma crítica a tais desenvolvimentos e um desafio a transformá-los. Não sabemos por que se formou uma sensibilidade tão grande precisamente quanto a esses pormenores da diferenciação; porém, é inequívoco que nesse comportamento dos seres humanos se manifesta uma disposição ao ódio, uma agressividade, cuja origem é desconhecida e à qual se poderia atribuir um caráter elementar.[39]

Mas toda essa intolerância desaparece, momentânea ou permanentemente, por meio da formação de massas e na massa. Enquanto a formação de massas persiste ou até onde ela alcança, os indivíduos se comportam como se fossem uniformes, toleram a singularidade do outro, equiparam-se a ele e não têm qualquer sentimento de aversão por ele. Segundo nossas concepções teóricas, semelhante limitação do narcisismo pode ser produzida apenas por um fator: por ligação libidinosa a outras pessoas. O amor-próprio encontra um limite apenas no amor ao alheio, no amor a objetos.[40] De imediato se

---

39. Num estudo publicado recentemente, *Além do princípio do prazer* (1920), tentei relacionar a polaridade de amar e odiar a uma oposição hipotética entre impulsos de vida e de morte, e apresentar os impulsos sexuais como os representantes mais puros dos primeiros, os impulsos de vida.

40. Ver "Uma introdução ao narcisismo" (1914 *c*).

perguntará se a comunidade de interesses, de per si e sem qualquer contribuição libidinosa, não teria de levar à tolerância do outro e à consideração por ele. Responderemos a essa objeção dizendo que dessa maneira não se realiza uma limitação duradoura do narcisismo, visto que essa tolerância não perdura por mais tempo do que a vantagem imediata que se tira da cooperação do outro. Porém, o valor prático dessa questão é menor do que se poderia pensar, pois a experiência mostrou que no caso da cooperação geralmente se produzem ligações libidinosas entre os camaradas que prolongam e fixam a relação entre eles de uma maneira que vai além do que é vantajoso. Nas relações sociais dos seres humanos acontece o mesmo que a pesquisa psicanalítica descobriu no desenvolvimento da libido individual. Esta se apoia na satisfação das grandes necessidades vitais e escolhe como seus primeiros objetos as pessoas que tomam parte nessa satisfação. E, como no indivíduo, também no desenvolvimento de toda a humanidade apenas o amor atuou como fator cultural no sentido de uma mudança do egoísmo para o altruísmo. E, mais precisamente, tanto o amor sexual pela mulher, com todas as obrigações decorrentes de poupar o que a ela era caro, como também o amor homossexual sublimado, dessexualizado, por outros homens, que se ligava ao trabalho em comum.

Portanto, se na massa surgem restrições do amor-próprio narcisista que não têm efeito fora dela, isso é uma indicação concludente de que a essência da formação da massa consiste em ligações libidinosas de um novo tipo entre seus membros.

Porém, agora nosso interesse colocará a pergunta premente que consiste em saber de que espécie são essas ligações na massa. Na teoria psicanalítica das neuroses nos ocupamos até agora quase exclusivamente da ligação de tais impulsos amorosos com seus objetos, impulsos esses que ainda perseguem metas sexuais diretas. Evidentemente, tais metas sexuais estão fora de questão na massa. Temos de lidar aqui com impulsos amorosos que, sem por isso atuar de maneira menos enérgica, são desviados de suas metas originais. Já no âmbito do habitual investimento sexual de objeto, observamos fenômenos que correspondem a um desvio do impulso em relação à sua meta sexual. Nós os descrevemos como graus de enamoramento, e reconhecemos que implicam certo dano ao eu. Agora dedicaremos maior atenção a esses fenômenos do enamoramento, com a expectativa fundamentada de encontrar neles relações que possam ser transferidas às ligações que ocorrem nas massas. Mas, além disso, gostaríamos de saber se esse tipo de investimento de objeto, como o conhecemos da vida sexual, constitui o único modo de ligação emocional com outra pessoa ou se ainda temos de considerar outros mecanismos do gênero. Por meio da psicanálise, ficamos sabendo que de fato existem outros mecanismos de ligação emocional, as chamadas *identificações*, processos insuficientemente conhecidos, difíceis de apresentar, cuja investigação agora nos afastará por algum tempo do tema da psicologia das massas.

VII
A identificação

A identificação[41] é conhecida pela psicanálise como a manifestação mais precoce de uma ligação emocional com outra pessoa. Ela desempenha um papel na pré-história do complexo de Édipo. O menininho manifesta um interesse especial pelo pai; gostaria de se tornar e de ser como ele, de tomar seu lugar sob todos os aspectos. Digamos sem receio: ele toma o pai como seu ideal. Esse comportamento não tem nada a ver com uma atitude passiva ou feminina em relação ao pai (e ao homem em geral); ele é, antes, masculino por excelência. Ele se harmoniza muito bem com o complexo de Édipo, que ajuda a preparar.

Simultaneamente a essa identificação com o pai, talvez até antes, o menino começou a fazer um autêntico investimento objetal da mãe segundo o tipo de apoio. Assim, ele mostra duas ligações

---

41. Este é um dos conceitos fundamentais da metapsicologia freudiana. Já encontramos uma descrição detalhada deste mecanismo psíquico de tomar o lugar do outro no texto *Estudos sobre histeria* (1895), particularmente quando se refere ao caso de Elisabeth von R. (N.R.)

psicologicamente diferentes: em relação à mãe, um claro investimento sexual de objeto; em relação ao pai, uma identificação que o toma por modelo. Ambas persistem por algum tempo lado a lado, sem influência ou perturbação mútua. Em consequência da unificação da vida psíquica, que avança sem cessar, elas finalmente se encontram, e por essa confluência surge o complexo de Édipo normal. O pequeno percebe que o pai bloqueia seu caminho de acesso à mãe; sua identificação com o pai assume agora uma tonalidade hostil e se torna idêntica ao desejo de substituir o pai também junto à mãe. A identificação é ambivalente desde o início; ela pode se voltar tanto para a expressão da ternura quanto para o desejo de eliminação. Ela se comporta como um derivado da primeira fase da organização libidinal, a fase *oral*, em que se incorporava o objeto desejado e apreciado ao comê-lo, aniquilando-o como tal. Como se sabe, o canibal permanece nessa posição; ele gosta de devorar seus inimigos, e não devora aqueles de que não poderia gostar de alguma maneira.[42]

Mais tarde, se perde facilmente de vista o destino dessa identificação com o pai. Pode acontecer, então, que o complexo de Édipo experimente uma inversão, que o pai seja tomado, numa atitude feminina, como

42. Ver *Três ensaios de teoria sexual* (1905 *d*) e Abraham (1916).

objeto, do qual os impulsos sexuais diretos esperam sua satisfação, e então a identificação com o pai se tornou a precursora da ligação objetal com ele. Com as correspondentes substituições, o mesmo também vale para a filhinha.

É fácil expressar numa fórmula a diferença entre uma identificação desse tipo com o pai e uma escolha deste como objeto. No primeiro caso, o pai é aquilo que se gostaria de *ser*; no segundo, o que se gostaria de *ter*. Portanto, a diferença se encontra no fato de a ligação se fazer com o sujeito ou com o objeto do eu. É por isso que a primeira já é possível antes de qualquer escolha sexual de objeto. É bem mais difícil apresentar essa diferença de maneira clara em termos metapsicológicos. Apenas se reconhece que a identificação aspira por dar ao próprio eu uma forma semelhante à do outro eu tomado como "modelo".

Separemos a identificação de seu contexto mais complexo no caso de uma formação neurótica de sintoma. A menininha, na qual agora queremos nos deter, adquire o mesmo sintoma de sua mãe; por exemplo, a mesma tosse torturante. Isso pode acontecer por diversos caminhos. Ou a identificação é a mesma do complexo de Édipo, que significa uma vontade hostil de substituir a mãe, e o sintoma expressa o amor objetal pelo pai; esse sintoma realiza a substituição da mãe sob a influência da consciência de culpa: "Você quis ser a mãe, e agora você é, pelo menos no sofrimento". Esse é o mecanismo completo da formação histérica de sintoma. Ou então o sintoma é o mesmo da pessoa amada (assim como, por exemplo, Dora, no "Fragmento de uma análise de histeria", imita a tosse do pai); então apenas podemos descrever o estado de coisas afirmando que *a identificação tomou o lugar da escolha de objeto; a escolha de objeto regrediu à identificação.* Vimos que a identificação é a forma de ligação emocional mais precoce e mais original; sob as circunstâncias da formação de sintoma, ou seja, do recalcamento e do domínio dos mecanismos do inconsciente, ocorre muitas vezes que a escolha de objeto se transforme outra vez em identificação, ou seja, o eu toma para si as qualidades do objeto. O que há de notável nessas identificações é que num caso o eu copia a pessoa não amada e, no outro, a pessoa amada. Também tem de chamar nossa atenção que nos dois casos a identificação é parcial, extremamente limitada, tomando emprestado apenas um único traço da pessoa objetal.

Há um terceiro caso de formação de sintoma, especialmente frequente e significativo, em que a identificação desconsidera inteiramente a relação objetal com a pessoa copiada. Se, por exemplo, uma das jovens de um pensionato recebeu uma carta de seu amado secreto, que provoca seu ciúme e à qual ela reage com um ataque histérico, algumas de suas amigas, que sabem do caso, contrairão esse ataque, como dizemos, pela via da infecção psíquica. O mecanismo é o da identificação baseada no fato de poder ou querer se colocar na mesma situação. As outras também gostariam de ter um caso secreto, e, sob a influência da consciência de culpa, também aceitam o sofrimento a ele vinculado. Seria incorreto afirmar que elas se apropriam do sintoma por simpatia. Pelo contrário, a simpatia surge apenas da identificação, e a prova disso é que tal infecção ou imitação também se produz sob circunstâncias em que cabe supor entre duas pessoas uma simpatia anterior ainda menor do que costuma existir entre amigas de pensão. Um dos eus percebeu no outro uma analogia significativa num ponto, em nosso exemplo, na mesma prontidão emocional; por isso, se forma uma identificação nesse ponto, e, sob a influência da situação patogênica, essa identificação se desloca para o sintoma que um dos eus produziu. Assim, a identificação por meio do sintoma se transforma no indício de um ponto de coincidência entre os dois eus que deve ser mantido recalcado.

Podemos resumir o que aprendemos dessas três fontes afirmando, em primeiro lugar, que a identificação é a forma mais original de ligação emocional com um objeto; em segundo lugar, que por via regressiva ela se transforma em substituta de uma ligação objetal libidinosa, como que por introjeção do objeto no eu; e, em terceiro lugar, que ela pode surgir sempre que se percebe qualquer nova característica em comum com uma pessoa que não é objeto de impulsos sexuais. Quanto mais significativa for essa característica em comum, tanto mais bem-sucedida poderá se tornar essa identificação parcial, e, assim, corresponder ao começo de uma nova ligação.

Já suspeitamos que a ligação mútua entre os indivíduos da massa tem a natureza de uma dessas identificações produzidas por meio de uma importante característica afetiva em comum, e podemos supor que essa característica se encontra no tipo de ligação com o líder. Outra suspeita poderá nos dizer que estamos muito longe de ter esgotado o problema da identificação, que nos encontramos diante do processo que a psicologia chama de "empatia" e que é responsável pela maior parte de nossa compreensão do que existe de alheio ao eu nas outras pessoas. Porém, queremos nos limitar aqui aos efeitos afetivos mais imediatos da identificação, também deixando de lado sua importância para nossa vida intelectual.

A investigação psicanalítica, que vez por outra também já abordou os problemas mais difíceis das psicoses, também pôde nos mostrar a identificação em alguns outros casos que não são facilmente acessíveis à nossa compreensão. Como material para nossas reflexões posteriores, tratarei em detalhe de dois desses casos.

Numa grande série de casos, a gênese da homossexualidade masculina é a seguinte: o jovem se manteve fixado à mãe, no sentido do complexo de Édipo, durante um tempo e com uma intensidade incomumente grandes.[43] Mas, por fim, depois de completada a puberdade, chega o momento de trocar a mãe por outro objeto sexual. Então acontece uma mudança súbita; o jovem não deixa sua mãe, mas se identifica com ela, se transforma nela e agora busca objetos que lhe possam substituir seu eu, objetos que ele possa amar e cuidar assim como foi amado e cuidado pela mãe. Esse é um processo frequente, que pode ser confirmado à vontade e que, naturalmente, tem inteira independência de qualquer suposição que se faça sobre a força impulsora orgânica e sobre os motivos dessa mudança súbita. O que chama atenção nessa identificação é a sua amplitude; ela transforma o eu num aspecto extremamente importante, o caráter sexual, de acordo com o modelo de quem até então era o objeto. Nesse processo, o objeto mesmo é abandonado; se inteiramente ou apenas no sentido de que se conserva

43. Ver sobre este ponto o estudo de Freud sobre Leonardo da Vinci intitulado "Uma recordação de infância de Leonardo da Vinci" (1910). Em relação a esse texto, disse certa vez Freud a seu colega Ferenczi: "É a única coisa bela que escrevi". Ver também "Alguns mecanismos neuróticos no ciúme, na paranoia e na homossexualidade" (1922). (N.R.)

no inconsciente, é algo que está fora de discussão aqui. Contudo, a identificação com o objeto abandonado ou perdido que produz um substituto dele – a introjeção desse objeto no eu – não é mais novidade para nós. Vez por outra, tal processo pode ser observado diretamente em crianças pequenas. Uma observação dessas foi publicada há pouco na *Internationale Zeitschrift für Psychoanalyse* [*Revista internacional de psicanálise*]; uma criança, infeliz com a perda do seu gatinho, declarou sem hesitar que agora ela mesma era o gatinho, e, consequentemente, andava de quatro, não queria comer à mesa etc.[44]

Outro exemplo de tal introjeção do objeto nos foi dado pela análise da melancolia, afecção que conta entre seus motivos mais notáveis a perda real ou afetiva do objeto amado. Uma das principais características desses casos é a cruel autodepreciação do eu em conexão com a impiedosa autocrítica e as severas autocensuras. Análises mostraram que essa avaliação e essas censuras no fundo se referem ao objeto, e constituem a vingança do eu contra ele. A sombra do objeto caiu sobre o eu, afirmei em outro texto.[45] Nesse caso, a introjeção do objeto é de uma clareza inequívoca.

Mas essas melancolias ainda nos mostram outra coisa que poderá se tornar importante para nossas

44. Markuszewicz (1920).

45. "Luto e melancolia" (1917 *e*).

observações posteriores. Elas nos mostram o eu dividido, decomposto em duas partes, uma das quais se enfurece com a outra. Esta outra parte é aquela que foi modificada pela introjeção, a que inclui o objeto perdido. Mas tampouco desconhecemos a parte que age com tanta crueldade. Ela inclui a consciência moral, uma instância crítica no eu, que também em épocas normais se contrapôs criticamente a ele, mas jamais de maneira tão impiedosa e tão injusta. Em ocasiões anteriores ("Uma introdução ao narcisismo", "Luto e melancolia") já tivemos de fazer a suposição de que uma tal instância se desenvolve em nosso eu, instância que pode se separar do restante do eu e entrar em conflito com ele. Nós a chamamos de "ideal do eu", e lhe atribuímos as funções da auto-observação, da consciência moral, da censura onírica e a principal influência no recalcamento. Afirmamos que ela seria a herdeira do narcisismo original, em que o eu infantil bastava a si mesmo. Pouco a pouco, ela tomaria das influências do meio ambiente as exigências que este coloca ao eu, exigências que o eu nem sempre conseguiria cumprir, de modo que o ser humano, quando não pode estar satisfeito com seu próprio eu, poderia encontrar sua satisfação no ideal do eu, que se diferenciou do eu. Além disso, constatamos que no delírio de observação se torna evidente a desagregação dessa instância, ao mesmo tempo em que descobrimos que sua origem se encontra nas influências das autoridades, sobretudo dos pais.[46] Mas não nos esquecemos de mencionar que a medida da distância entre esse ideal do eu e o eu atual é muito variável para cada indivíduo, e que em muitos essa diferenciação no interior do eu não vai mais longe do que na criança.

Porém, antes que possamos empregar esse material para a compreensão da organização libidinosa de uma massa, temos de considerar algumas outras correlações entre objeto e eu.[47]

46. "Uma introdução ao narcisismo".

47. Sabemos muito bem que com esses exemplos tomados da patologia não esgotamos a natureza da identificação, deixando intocada, assim, uma parte do enigma da formação das massas. Neste ponto teria de intervir uma análise psicológica muito mais minuciosa e mais abrangente. Partindo da identificação, há um caminho que, passando pela imitação, leva à empatia, isto é, à compreensão do mecanismo que nos possibilita tomar posição frente à outra vida psíquica. Também nas manifestações de uma identificação existente ainda há muito a esclarecer. Entre outras, uma de suas consequências é que reduzimos a agressão à pessoa com quem nos identificamos, poupando-a e prestando-lhe auxílio. O estudo de identificações como as que se encontram, por exemplo, na base da comunidade clânica, rendeu a Robertson Smith o resultado surpreendente de que elas repousam no reconhecimento de uma substância comum (*Parentesco e casamento*, 1885) e que, por isso, também podem ser criadas por meio de uma refeição feita em comum. Esse traço permite relacionar uma identificação desse tipo com a pré-história da família humana por mim imaginada em *Totem e tabu*.

VIII
Enamoramento e hipnose

Mesmo em seus caprichos, o uso linguístico permanece fiel a uma realidade qualquer. Assim, é verdade que ele chama de "amor" relações emocionais muito diferentes que também nós reunimos teoricamente sob o mesmo nome, mas, por outro lado, ele fica em dúvida se esse amor é o genuíno, o autêntico, o verdadeiro, e aponta assim para toda uma escala de possibilidades dentro do fenômeno amoroso. Tampouco nos será difícil encontrá-la na observação.

Numa série de casos, o enamoramento não é outra coisa senão o investimento objetal por parte dos impulsos sexuais com o fim de obter a satisfação sexual direta, investimento que se extingue com a obtenção dessa meta; isso é o que se chama de amor comum, sensual. Mas, como se sabe, a situação libidinosa raramente permanece tão simples. A certeza de que se podia contar com o redespertar da necessidade recém-extinta provavelmente deve ter sido o motivo imediato para dedicar um investimento permanente ao objeto sexual, para "amá-lo" também nos intervalos desprovidos de desejo.

Soma-se a isso um segundo fator oriundo da bastante notável história evolutiva da vida amorosa humana. Na primeira fase, na maioria das vezes já concluída aos cinco anos, a criança encontrou um primeiro objeto amoroso num de seus pais, objeto sobre o qual se unificaram todos os seus impulsos sexuais exigindo satisfação. O recalcamento que então ocorreu a obrigou a renunciar à maioria dessas metas sexuais infantis e deixou uma modificação profunda na relação com os pais. A criança continuou ligada a eles, mas com impulsos que temos de chamar de "impulsos de meta inibida". Os sentimentos que a partir de então ela sente por essas pessoas amadas são qualificados de "ternos". É sabido que as aspirações "sensuais" anteriores permanecem no inconsciente com mais ou menos força, de maneira que a corrente plena original continua existindo em certo sentido.[48]

Com a puberdade, como se sabe, têm início novas aspirações, muito intensas, pelas metas sexuais diretas. Em casos desfavoráveis, elas permanecem separadas, como corrente sensual, das orientações emocionais "ternas" permanentes. Temos então diante de nós a imagem cujos dois aspectos certas correntes

48. *Três ensaios de teoria sexual* (1905 *d*).

literárias tanto gostam de idealizar. O homem mostra inclinações exaltadas por mulheres altamente respeitadas, mas que não o estimulam à relação amorosa, e apenas é potente quando se trata de mulheres que ele não "ama", menospreza ou mesmo despreza.[49] Entretanto, com maior frequência o adolescente é bem-sucedido em produzir certo grau de síntese entre o amor não sensual, celeste, e o sensual, terreno, e sua relação com o objeto sexual se caracteriza pela cooperação entre impulsos desinibidos e impulsos de meta inibida. Segundo a contribuição dos impulsos ternos de meta inibida, é possível medir o grau de enamoramento em contraste com o desejo meramente sensual.

No âmbito desse enamoramento, chamou nossa atenção desde o início o fenômeno da superestimação sexual, o fato de que o objeto amado goza de certa liberdade com respeito a críticas e que todas as suas qualidades são mais altamente estimadas do que as de pessoas não amadas ou do que na época em que ele não era amado. No caso de um recalcamento ou de uma preterição em alguma medida mais eficaz das aspirações sensuais, se produz a ilusão de que o objeto também é amado sensualmente devido aos seus méritos psíquicos, enquanto, pelo contrário, apenas o prazer sensual pode ter lhe concedido esses méritos.

49. "Sobre a degradação mais comum da vida amorosa" (1912 *d*).

A tendência que falsifica o juízo nesse caso é a da *idealização.* Mas isso facilita nossa orientação; reconhecemos que o objeto é tratado como o próprio eu, ou seja, que no enamoramento recai sobre o objeto uma medida maior de libido narcísica. Em algumas formas de escolha amorosa se torna inclusive evidente que o objeto serve para substituir um ideal do eu, próprio e não alcançado. Ama-se o objeto devido às perfeições que se aspirou para o próprio eu e que agora se gostaria de alcançar por esse rodeio a fim de satisfazer o próprio narcisismo.

Se a superestimação sexual e o enamoramento aumentam ainda mais, a interpretação do quadro se torna sempre mais inequívoca. As aspirações que buscam a satisfação sexual direta podem ser rechaçadas inteiramente, como em geral ocorre, por exemplo, no caso do amor exaltado do jovem; o eu se torna sempre mais despretensioso, mais modesto, e o objeto, sempre mais grandioso, mais valioso; ele se apodera, por fim, de todo o amor-próprio do eu, de maneira que o autossacrifício deste é a consequência natural. O objeto consumiu o eu, por assim dizer. Traços de humildade, de restrição do narcisismo e de danos a si mesmo são encontrados em todos os casos de enamoramento; em casos extremos eles apenas se intensificam e, pelo recuo das pretensões sensuais, permanecem dominando sozinhos.

Isso acontece com especial facilidade no caso de um amor infeliz, irrealizável, visto que a superestimação sexual sempre volta a experimentar uma redução a cada satisfação sexual. Simultaneamente a essa "entrega" do eu ao objeto, que já não se distingue mais da entrega sublimada a uma ideia abstrata, falham inteiramente as funções que cabem ao ideal do eu. A crítica exercida por essa instância silencia; tudo o que o objeto faz e exige é justo e irrepreensível. A consciência moral não encontra aplicação a nada do que ocorre em favor do objeto; na cegueira do amor, a pessoa se transforma em criminoso sem sentir remorsos. A situação toda pode ser perfeitamente resumida numa fórmula: *o objeto se colocou no lugar do ideal do eu.*

Agora é fácil descrever a diferença entre a identificação e o enamoramento em suas configurações extremas, chamadas de fascinação e de obediência enamorada.[50] No primeiro caso, o eu se enriqueceu com as propriedades do objeto, ele o "introjetou" em si, conforme a expressão de Ferenczi; no segundo caso, ele está empobrecido, se entregou ao objeto, colocou-o no lugar de seu componente mais importante. Entretanto, depois de uma reflexão mais detalhada

50. Freud também examinou este ponto em seu texto "O tabu da virgindade" (1918). Neste texto, indica que a origem desse termo se deve, na verdade, a Krafft-Ebing, em 1892. (N.R.)

logo se percebe que tal exposição cria oposições que não existem. De um ponto de vista econômico, não se trata de empobrecimento ou de enriquecimento; também se pode descrever o enamoramento extremo afirmando que o eu introjetou o objeto em si. Outra distinção talvez seja mais adequada para atingir o essencial. No caso da identificação, o objeto se perdeu ou foi abandonado; depois ele é novamente erigido dentro do eu; o eu se modifica parcialmente segundo o modelo do objeto perdido. No outro caso, o objeto se conservou e é superinvestido como tal por parte e às custas do eu. Mas também contra isso se levanta uma objeção. Está estabelecido que a identificação pressupõe a renúncia ao investimento objetal? Não poderá haver identificação enquanto o objeto se conserva? E antes de entrarmos na discussão dessa questão espinhosa, já podemos compreender que outra alternativa dá conta da essência desse estado de coisas, a saber, *se o objeto é colocado no lugar do eu ou do ideal do eu.*

É evidente que do enamoramento à hipnose não há mais do que um curto passo. As correspondências entre ambos são notáveis. A mesma submissão humilde, a mesma docilidade, a mesma falta de crítica em relação ao hipnotizador como em relação ao objeto amado. O mesmo desaparecimento da iniciativa própria; não há dúvida, o hipnotizador tomou o lugar do ideal do eu. Só que na hipnose toda a situação é ainda mais clara e mais intensificada, de maneira que seria mais apropriado explicar o enamoramento por meio da hipnose do que o contrário. O hipnotizador é o único objeto; não se considera nenhum outro além dele. O fato de que o eu experimente oniricamente o que ele exige e afirma nos lembra que entre as funções do ideal do eu deixamos de mencionar a execução da prova de realidade.[51] Não é de admirar que o eu tome uma percepção por real se a instância psíquica normalmente encarregada da tarefa da prova de realidade advoga a realidade dessa percepção. A completa ausência de aspirações com metas sexuais desinibidas contribui ainda mais para a extrema pureza dos fenômenos. A relação hipnótica é uma entrega enamorada irrestrita com exclusão da satisfação sexual, enquanto no enamoramento tal satisfação é deixada de lado apenas temporariamente, permanecendo em segundo plano como uma possibilidade futura.

Mas, por outro lado, também podemos dizer que a relação hipnótica é – se esta expressão for lícita – uma formação de massa a dois. A hipnose não é um bom objeto de comparação com a formação de massas porque é, antes, idêntica a ela. Da complicada

51. Ver "Complemento metapsicológico à teoria dos sonhos" (1917 *d*). Entretanto, parece admissível duvidar da legitimidade dessa atribuição, o que exige uma discussão pormenorizada.

estrutura da massa, ela isola para nós um elemento, o comportamento do indivíduo da massa em relação ao líder. A hipnose se distingue da formação de massas por essa limitação do número, tal como se distingue do enamoramento pela ausência das aspirações diretamente sexuais. Nesse aspecto, ela ocupa o meio-termo entre ambos.

É interessante ver que justamente as aspirações sexuais de meta inibida conseguem estabelecer ligações tão duradouras entre os seres humanos. Mas é fácil compreender isso a partir do fato de elas não serem suscetíveis de uma satisfação plena, enquanto as aspirações sexuais desinibidas experimentam uma diminuição extraordinária por meio da descarga que ocorre sempre que a meta sexual é atingida. O amor sensual está destinado a se extinguir com a satisfação; a fim de poder perdurar, tem de estar mesclado desde o início com componentes puramente ternos, isto é, de meta inibida, ou experimentar uma transformação desse gênero.

A hipnose resolveria perfeitamente para nós o enigma da constituição libidinosa de uma massa se ela mesma ainda não contivesse traços que escapam à explicação racional elaborada até agora (enamoramento com exclusão de aspirações diretamente sexuais). Ainda há nela muitas coisas que caberia reconhecer como incompreendidas, místicas. Ela contém um ingrediente de paralisia decorrente da relação entre um indivíduo prepotente e um impotente, desamparado, o que talvez se relacione com a hipnose de animais por susto. A maneira como é produzida e sua relação com o sono não são transparentes, e o enigma de que algumas pessoas são aptas para ela enquanto outras a rejeitam completamente aponta para um fator ainda desconhecido que nela se concretiza e que talvez possibilite nela a pureza das atitudes libidinais. Também é notável que muitas vezes a consciência moral da pessoa hipnotizada possa se mostrar resistente mesmo que a docilidade sugestiva seja completa sob outros aspectos. Mas isso talvez se deva ao fato de que na hipnose, tal como geralmente é praticada, pode se conservar o saber de que se trata apenas de uma brincadeira, uma reprodução ilusória de outra situação, de importância vital muito maior.

No entanto, por meio das discussões efetuadas até aqui estamos plenamente preparados para enunciar a fórmula da constituição libidinosa de uma massa. Pelo menos, de uma massa tal como a consideramos até aqui, ou seja, uma massa que tem um líder e que não pôde adquirir secundariamente as propriedades de um indivíduo por meio de uma "organização" excessiva. *Tal massa primária consiste de certo número de indivíduos que colocaram um único e mesmo objeto no lugar de seus ideais do eu e que, por conseguinte, se identificaram uns com os outros em seus eus.* Essa situação admite uma representação gráfica:

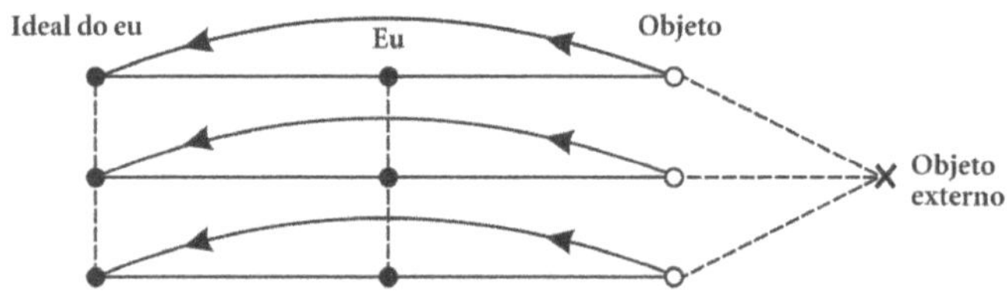

IX
O impulso gregário

Apenas por pouco tempo gozaremos a ilusão de ter resolvido o enigma da massa por meio dessa fórmula. Logo terá de nos inquietar a advertência de que no essencial adotamos a remissão ao enigma da hipnose, no qual ainda há tantas coisas irresolvidas. E, agora, outra objeção nos mostra o caminho a seguir.

Estamos autorizados a dizer a nós mesmos que as abundantes ligações afetivas que reconhecemos na massa bastam plenamente para explicar uma de suas características, a falta de independência e de iniciativa do indivíduo, a uniformidade de sua reação com a de todos os outros, seu rebaixamento à categoria de indivíduo de massa, por assim dizer. Mas a massa mostra algo mais se a consideramos como um todo; os traços de debilitamento da capacidade intelectual, de afetividade desenfreada, a incapacidade de moderação e de adiamento, a tendência a ultrapassar todos os limites na manifestação das emoções e a descarregá-las completamente na ação – esses e todos os outros traços semelhantes, que Le Bon descreve de maneira tão impressionante, resultam num quadro inequívoco de regressão da atividade psíquica a um nível anterior, como não nos admiramos de encontrar nos selvagens ou nas crianças. Semelhante regressão pertence em especial à natureza das massas comuns, enquanto que nas massas altamente organizadas e artificiais, como vimos, pode ser bloqueada em grande parte.

Assim, temos a impressão de um estado em que os sentimentos isolados e os atos intelectuais pessoais do indivíduo são fracos demais para se fazer valer por conta própria e têm de aguardar pelo reforço mediante a repetição uniforme por parte dos outros. Somos lembrados de como é grande a parcela desses fenômenos de dependência na constituição normal da sociedade humana, de como são escassas a originalidade e a coragem pessoal que nela se encontram, do quanto cada indivíduo é dominado pelas atitudes de uma psique de massa, atitudes que se manifestam sob a forma de peculiaridades raciais, preconceitos de classe, opinião pública e afins. O enigma da influência sugestiva aumenta para nós se admitirmos que uma influência desse tipo não é exercida apenas pelo líder, mas também por todos os indivíduos sobre todos os indivíduos, e nos fazemos a censura de que ressaltamos unilateralmente a relação com o líder e preterimos de maneira indevida o outro fator, o da sugestão mútua.

Advertidos de tal maneira à modéstia, nos inclinaremos a dar ouvidos a outra voz que nos promete uma explicação sobre bases mais simples. Tomo uma explicação desse tipo do inteligente livro de W. Trotter sobre o impulso gregário (1916), a respeito do qual apenas lamento que não tenha se esquivado inteiramente às antipatias desencadeadas pela última Grande Guerra.

Trotter deriva os fenômenos psíquicos observados na massa de um instinto gregário ("*gregariousness*" [gregarismo]), inato no homem como em outras espécies animais. Biologicamente, esse gregarismo é uma analogia e como que uma continuação da pluricelularidade; no sentido da teoria da libido, mais uma manifestação da tendência de todos os seres vivos da mesma espécie a se reunirem em unidades sempre mais abrangentes, tendência que emana da libido.[52] O indivíduo se sente incompleto ("*incomplete*") quando está sozinho. O medo sentido pela criança pequena já seria uma expressão desse instinto gregário. Opor-se ao rebanho equivale a se separar dele, e por isso a oposição é temerosamente evitada. E o rebanho rejeita tudo o que for novo, incomum. O instinto gregário seria algo primário, não decomponível ("*which cannot be split up*").

52. Ver meu estudo intitulado *Além do princípio do prazer* (1920 *g*).

Segundo Trotter, a série de impulsos (ou instintos) que ele supõe serem primários é a seguinte: de autoafirmação, de nutrição, sexual e gregário. Muitas vezes, este último acabaria se contrapondo aos demais. A consciência de culpa e o sentimento do dever seriam os patrimônios característicos de um "*gregarious animal*". Para Trotter, também emanam do instinto gregário as forças recalcadoras que a psicanálise indicou no eu, e, consequentemente, também as resistências que o médico encontra durante o tratamento psicanalítico. A linguagem deveria sua importância à sua aptidão para o entendimento mútuo no rebanho; nela repousaria em grande parte a identificação dos indivíduos entre si.

Da mesma forma que Le Bon se interessava sobretudo pelas formações de massa efêmeras características e McDougall pelas socializações estáveis, Trotter focou seu interesse nas associações mais gerais em que vive o homem, esse ζῷον πολιτικόν [animal político][53], e indicou a fundamentação psicológica dessas associações. Mas para Trotter o impulso gregário não precisa ser derivado de alguma outra coisa, visto que o caracteriza como primário e não decomponível. Sua observação de que Boris Sidis deriva o

53. Referência à famosa definição de Aristóteles de que "o homem é por natureza um animal político", que podemos encontrar tanto em *Ética a Nicômaco* como em *Política*. (N.R.)

impulso gregário da sugestionabilidade felizmente lhe é supérflua; trata-se de uma explicação que segue um modelo conhecido e insatisfatório, e a inversão dessa tese – ou seja, que a sugestionabilidade é um derivado do instinto gregário – me pareceria muito mais plausível.

Porém, à exposição de Trotter se pode objetar com ainda mais razão do que às outras que ela dá atenção de menos ao papel do líder na massa, enquanto nós nos inclinamos antes ao juízo oposto, a saber, que não há como compreender a essência da massa quando se negligencia o líder. O instinto gregário não deixa absolutamente nenhum espaço para o líder, que se soma ao rebanho apenas casualmente, e em conexão com isso se encontra o fato de que nenhum caminho leva desse impulso até uma necessidade de deus; falta o pastor do rebanho. Mas, além disso, podemos minar a exposição de Trotter psicologicamente, isto é, podemos pelo menos tornar provável que o impulso gregário não seja indecomponível, não seja primário no mesmo sentido que o impulso de autoconservação e o impulso sexual.

Naturalmente, não é fácil acompanhar a ontogênese do impulso gregário. O medo sentido pela criança pequena quando é deixada sozinha, e que para Trotter já é uma manifestação desse impulso, sugere uma outra interpretação. Ele diz respeito à mãe e, mais tarde, a outras pessoas próximas, sendo a expressão de uma ânsia insatisfeita com a qual a criança ainda não sabe fazer outra coisa senão transformá-la em medo.[54] O medo sentido pela criancinha solitária tampouco é apaziguado quando vê um membro qualquer "do rebanho", mas, pelo contrário, é justamente provocado pela aproximação de um desses "estranhos". Depois disso, por muito tempo não se percebe na criança nenhum sinal de um instinto gregário ou de um sentimento de massa. Este apenas se forma a partir da relação entre os vários filhos e os pais, e, para ser mais preciso, como reação à inveja inicial com que o filho mais velho recebe o mais novo. O mais velho certamente gostaria de desalojar ciumentamente o seguinte, mantê-lo longe dos pais e privá-lo de todos os seus direitos, mas diante do fato de que essa criança – como todas as posteriores – é amada pelos pais da mesma maneira, e em consequência da impossibilidade de manter sua atitude hostil sem prejuízos para si mesmo, o filho mais velho é obrigado a se identificar com os outros, formando-se no grupo de crianças um sentimento de massa ou de comunidade, que depois continua se desenvolvendo na escola. A primeira exigência dessa formação reativa é a de justiça, de tratamento igual para todos. É

54. Sobre o medo [*Angst*, às vezes "angústia"], ver *Conferências de introdução à psicanálise* (1916-1917), Conferência XXV.

conhecida a maneira ruidosa e insubornável com que essa exigência se manifesta na escola. Já que não se pode ser o predileto, que pelo menos ninguém mais o seja. Essa transformação e substituição do ciúme por um sentimento de massa no quarto das crianças e na sala de aula poderia ser considerada improvável se o mesmo processo não fosse observado novamente mais tarde sob outras condições. Pense-se no grupo de mulheres e moças entusiasticamente apaixonadas que se aglomeram em torno do cantor ou do pianista depois da sua apresentação. Certamente seria natural que cada uma tivesse ciúme das outras, só que, diante de seu número e da consequente impossibilidade de alcançar a meta de seu enamoramento, elas desistem, e em vez de se arrancarem os cabelos umas às outras, agem como uma massa unitária, prestam homenagem ao artista celebrado em ações comuns e talvez ficassem contentes em dividir entre si os cachos de seu cabelo. Originalmente rivais, elas puderam se identificar entre si por meio do mesmo amor ao mesmo objeto. Quando uma situação impulsional é suscetível de diversos desfechos, o que afinal é comum, não nos admirará que se concretize aquele que estiver vinculado à possibilidade de uma certa satisfação, enquanto um outro, embora mais natural, não ocorra, pois as condições reais lhe impedem a obtenção dessa meta.

O que mais tarde encontramos em ação na sociedade sob a forma de espírito comunitário, *esprit de corps* etc. não nega sua origem a partir da inveja original. Ninguém deve pretender se destacar, todos devem ser iguais e ter as mesmas coisas. Justiça social significa que a pessoa se priva de muitas coisas para que as outras também tenham de renunciar a elas, ou, o que vem a ser a mesma coisa, para que não possam exigi-las. Essa exigência de igualdade é a raiz da consciência moral social e do sentimento de dever. De maneira inesperada, ela se revela no medo que o sifilítico tem de infectar outras pessoas, medo que aprendemos a compreender por meio da psicanálise. O medo que sentem essas pobres criaturas corresponde à sua violenta oposição ao desejo inconsciente de espalhar sua infecção para os outros, pois por que só elas deveriam estar infectadas e excluídas de tantas coisas e os outros não? A bela anedota da sentença de Salomão tem o mesmo núcleo. Se o filho de uma das mulheres morreu, que a outra também não tenha um filho vivo. É por esse desejo que se reconhece aquela que perdeu seu filho.[55]

Portanto, o sentimento social repousa na transformação de um sentimento inicialmente hostil em uma ligação com ênfase positiva que tem a natureza

55. Alusão a uma passagem do Antigo Testamento (1 Reis 3, 16-28). (N.T.)

de uma identificação. Tanto quanto podemos compreender o processo até agora, essa transformação parece se efetuar sob a influência de uma ligação terna comum com uma pessoa que se encontra fora da massa. Nossa análise da identificação não nos parece exaustiva, mas bastará ao nosso propósito atual se retomarmos um único traço, o da exigência de que a equiparação seja executada de maneira consequente. Quando discutimos as duas massas artificiais, a Igreja e o Exército, já vimos que seu pressuposto consiste em que todos sejam amados da mesma maneira por um só, o líder. Mas não esqueçamos que a exigência de igualdade da massa vale apenas para seus indivíduos, não para o líder. Todos os indivíduos devem ser iguais entre si, mas todos querem ser governados por um só. Muitos iguais, que podem se identificar entre si, e um único superior a todos eles, essa é a situação que encontramos concretizada na massa capaz de sobreviver. Assim, ousemos corrigir a asserção de Trotter segundo a qual o homem é um *animal gregário* afirmando que ele é antes um *animal de horda*, um indivíduo de uma horda dirigida por um chefe.

X

A massa e a horda primordial

Em 1912 adotei a hipótese de Charles Darwin de que a forma primordial da sociedade humana foi a de uma horda governada soberanamente por um macho forte. Tentei demonstrar que os destinos dessa horda deixaram traços indestrutíveis na história hereditária humana; em especial, que o desenvolvimento do totemismo, que abrange os primórdios da religião, da moralidade e da estrutura social, se relaciona com a morte violenta do chefe e a transformação da horda paterna numa comunidade de irmãos.[56] É verdade que essa é apenas uma hipótese como tantas outras com que os pré-historiadores tentam iluminar a escuridão dos tempos primitivos – uma "*just-so story*"[57], conforme a chamou de maneira chistosa um crítico inglês[58] nada indelicado –, mas acho que é honroso para tal hipótese

56. *Totem e tabu* (1912-1913).

57. Ou, conforme a definição do *Oxford English Dictionary*: "*a story which purports to explain the origin of something; a myth*", "uma história que pretende explicar a origem de algo; um mito". (N.T.)

58. Na primeira edição Freud menciona aqui Alfred Kroeber, antropólogo norte-americano. (N.R.)

se ela se mostra capaz de criar coesão e compreensão em um número cada vez maior de campos.

As massas humanas nos mostram novamente a imagem familiar do indivíduo extraordinariamente forte em meio a um grupo de companheiros iguais, imagem também contida em nossa representação da horda primordial. A psicologia dessa massa, como a conhecemos pelas descrições tantas vezes mencionadas – o desaparecimento da personalidade individual consciente, a orientação dos pensamentos e dos sentimentos nas mesmas direções, o predomínio da afetividade e do psíquico inconsciente, a tendência à execução imediata dos propósitos que surgem –, corresponde a um estado de regressão a uma atividade psíquica primitiva, tal como se poderia atribuir precisamente à horda primordial.[59]

59. O que acabamos de descrever na caracterização geral dos seres humanos tem de valer em especial para a horda primordial. A vontade do indivíduo era muito fraca, ele não se atrevia à ação. Não surgiam absolutamente outros impulsos [*Impulse*] a não ser os coletivos, havia apenas uma vontade comum e nenhuma vontade singular. A representação não ousava se transformar em vontade quando não se achava fortalecida pela percepção de sua difusão generalizada. Essa fraqueza da representação se explica pela força da ligação emocional comum a todos, mas a uniformidade das condições de vida e a ausência da propriedade privada se somam a isso para determinar a uniformidade dos atos psíquicos nos indivíduos. – Mesmo as necessidades excrementícias, como podemos observar nas crianças e nos soldados, não excluem o aspecto comunitário. A única exceção importante é constituída pelo ato sexual, em que o terceiro é no mínimo supérfluo e, no caso extremo, condenado a uma penosa expectativa. Sobre a reação da necessidade sexual (da satisfação genital) ao gregário, ver adiante.

Dessa maneira, a massa nos parece uma revivescência da horda primordial. Assim como o homem primitivo está virtualmente conservado em cada indivíduo, da mesma forma a horda primordial pode se restabelecer a partir de uma multidão qualquer; até o ponto em que a formação de massas domina habitualmente os seres humanos, reconhecemos nela a continuação da horda primordial. Temos de concluir que a psicologia da massa é a mais antiga psicologia do ser humano; o que isolamos sob a forma de psicologia individual, desconsiderando todos os restos da massa, se destacou apenas mais tarde, de maneira gradativa e, por assim dizer, apenas parcial a partir da antiga psicologia das massas. Ainda ousaremos fazer a tentativa de indicar o ponto de partida desse desenvolvimento.

Uma reflexão seguinte nos mostra em que ponto essa tese necessita de uma retificação. A psicologia individual tem de ser, antes, tão antiga quanto a psicologia das massas, pois desde o início houve dois tipos de psicologia, a dos indivíduos de massa e a do pai, do chefe, do líder. Os indivíduos da massa estavam ligados da mesma forma como os encontramos hoje, mas o pai da horda primordial era livre. Seus atos intelectuais eram fortes e independentes mesmo no isolamento, e sua vontade não precisava da confirmação dos outros. De maneira consequente, supomos que seu eu era pouco ligado libidinosamente; ele não amava ninguém exceto a si mesmo, e amava os outros apenas na medida em que serviam às suas necessidades. Seu eu não dava nada em excesso aos objetos.

No começo da história humana, ele era o *super-homem* que Nietzsche esperava apenas do futuro.[60] Ainda hoje, os indivíduos de massa necessitam da ilusão de que são amados pelo líder da mesma e justa maneira, mas o próprio líder não precisa amar ninguém; ele pode ser de natureza senhoril, absolutamente narcísico, porém seguro de si e independente. Sabemos que o amor restringe o narcisismo, e poderíamos demonstrar como ele se transformou em fator cultural por meio desse efeito.

O pai primordial da horda ainda não era imortal, como se tornou mais tarde mediante divinização. Quando ele morria, tinha de ser substituído; seu lugar provavelmente era ocupado por um filho mais jovem que até então tinha sido indivíduo de massa como os outros. Assim, tem de haver uma possibilidade de converter a psicologia da massa em psicologia individual; tem de ser encontrada uma condição sob a qual essa transformação se efetue facilmente, assim como é possível às abelhas, em caso de necessidade, fazer de uma larva uma rainha em vez de uma operária. Podemos imaginar apenas

60. Nietzsche desenvolve essa reflexão sobretudo em *Assim falou Zaratustra.* (N.R.)

o seguinte: o pai primordial impediu seus filhos de satisfazer as aspirações sexuais diretas; ele os forçou à abstinência e, consequentemente, às ligações emocionais com ele e entre eles que puderam resultar das aspirações com meta sexual inibida. Ele os forçou, por assim dizer, à psicologia das massas. Seu ciúme sexual e sua intolerância se tornaram, em última instância, a causa da psicologia das massas.[61]

Para aquele que se tornou seu sucessor também foi dada a possibilidade da satisfação sexual e, com ela, a de sair das condições da psicologia das massas. A fixação da libido na mulher e a possibilidade de satisfação sem adiamento e sem acúmulo deram um fim à importância das aspirações sexuais de meta inibida e permitiram ao narcisismo aumentar nesse mesmo nível. Em um apêndice, retornaremos a essa relação do amor com a formação do caráter.

Destaquemos ainda, como especialmente instrutivo, em que relação com a constituição da horda primordial se encontra o arranjo mediante o qual – sem considerar meios coercitivos – uma massa artificial é mantida coesa. Nos casos do Exército e da Igreja, vimos que esse arranjo é a miragem de que o líder ama todos os indivíduos da mesma e justa maneira.

61. Talvez também se possa supor que os filhos expulsos, separados do pai, avançaram da identificação entre si ao amor objetal homossexual, obtendo assim a liberdade para matar o pai.

Mas essa é, por assim dizer, a remodelação idealista da situação da horda primordial, em que todos os filhos se sabiam perseguidos da mesma maneira pelo pai primordial e o temiam da mesma maneira. A forma seguinte da sociedade humana, o clã totêmico, já tem como pressuposto essa transformação, sobre a qual são construídos todos os deveres sociais. A força indestrutível da família, entendida como uma formação natural de massa, repousa no fato de que no seu caso esse pressuposto necessário do igual amor paterno realmente pode se confirmar.

Porém, esperamos ainda mais da derivação da massa a partir da horda primordial. Ela também deve nos esclarecer as coisas ainda incompreendidas e misteriosas na formação de uma massa ocultas por trás das enigmáticas palavras "hipnose" e "sugestão". E eu penso que ela também pode fazê-lo. Recordemo-nos que a hipnose tem algo de francamente sinistro; o caráter do sinistro, porém, aponta para algo antigo e bem familiar que sucumbiu ao recalcamento.[62] Pensemos em como a hipnose é iniciada. O hipnotizador afirma possuir um poder misterioso que priva o sujeito de sua vontade própria, ou, o que é a mesma coisa, o sujeito acredita nessa afirmação. Esse poder misterioso – muitas vezes ainda designado popularmente como

62. "O sinistro" (1919 *h*).

magnetismo animal – tem de ser o mesmo que os primitivos consideram como a fonte do tabu, o mesmo que emana de reis e chefes e que torna perigoso se aproximar deles (mana). Bem, o hipnotizador afirma possuir esse poder, e como o manifesta? Pedindo que a pessoa olhe em seus olhos; tipicamente, ele hipnotiza por meio de seu olhar. Porém, precisamente a visão do chefe é perigosa e insuportável para o primitivo, tal como mais tarde a da divindade para os mortais. Moisés ainda tem de fazer o papel de intermediário entre seu povo e Jeová, visto que o povo não suportaria a visão de Deus, e quando ele retorna da presença de Deus seu rosto brilha; uma parte do "mana" se transferiu para ele como no caso do intermediário[63] dos primitivos.

No entanto, também se pode produzir a hipnose por outras vias, o que é enganoso e deu motivo a teorias fisiológicas insuficientes; por exemplo, pelo ato de fixar um objeto brilhante ou ouvir um ruído monótono. Na realidade, esses procedimentos servem apenas para distrair e cativar a atenção consciente. A situação seria a mesma se o hipnotizador tivesse dito à pessoa: "Agora se ocupe exclusivamente de minha pessoa, o resto do mundo é inteiramente desinteressante". Com certeza seria tecnicamente contraproducente se

63. Ver *Totem e tabu* e as fontes aí citadas.

o hipnotizador dissesse isso; por meio dessas palavras, o sujeito seria arrancado de sua atitude inconsciente e estimulado à oposição consciente. Porém, enquanto o hipnotizador evita dirigir o pensamento consciente do sujeito para as suas intenções, e este se concentra numa atividade durante a qual o mundo tem de lhe parecer desinteressante, ocorre que de maneira inconsciente ele de fato concentra toda a sua atenção no hipnotizador, se entrega à atitude de *rapport* [relação], de transferência, com o hipnotizador. Assim, os métodos indiretos de hipnose têm o resultado, como algumas técnicas do chiste, de impedir certas distribuições da energia psíquica que perturbariam o decorrer do processo inconsciente, e eles acabam levando à mesma meta que as influências diretas por meio do olhar fixo ou do toque.[64]

64. A situação em que a pessoa está inconscientemente orientada para o hipnotizador enquanto se ocupa conscientemente de percepções invariáveis e desinteressantes encontra um equivalente, que merece ser mencionado aqui, nos incidentes do tratamento psicanalítico. Em cada análise acontece pelo menos uma vez que o paciente afirme de maneira obstinada que naquele momento não lhe ocorre absolutamente nenhuma ideia. Suas associações livres estacam, e os estímulos habituais para colocá-las em movimento não têm resultado. Pressionando o paciente, obtemos por fim a confissão de que ele está pensando na vista que vê pela janela do consultório, no papel de parede que vê diante de si ou na lâmpada a gás que pende do teto. Então sabemos de imediato que ele está envolvido na transferência, ocupado por pensamentos ainda inconscientes que se referem ao médico, e vemos desaparecer a interrupção das ideias do paciente tão logo lhe damos essa explicação.

Ferenczi (1909) descobriu corretamente que com a ordem de dormir, dada muitas vezes para começar a hipnose, o hipnotizador se coloca no lugar dos pais. Ele acreditava que devia distinguir dois tipos de hipnose: uma lisonjeiramente tranquilizadora, que ele atribuiu ao modelo materno, e uma ameaçadora, que ele atribuiu ao pai. Ora, na hipnose a ordem de dormir não significa outra coisa senão o estímulo a retirar todo o interesse do mundo e concentrá-lo na pessoa do hipnotizador; o sujeito também a compreende dessa maneira, pois nessa retirada do interesse do mundo externo reside a caracterização psicológica do sono, e nela se baseia o parentesco do sono com o estado hipnótico.

Assim, por meio de suas medidas o hipnotizador desperta no sujeito uma parte de sua herança arcaica que também fizera concessões aos pais e que experimentou uma reanimação individual na relação com o pai: a representação de uma personalidade prepotente e perigosa frente à qual só se podia adotar uma atitude passivo-masoquista e perder a vontade própria, sendo que estar a sós com ela, "apresentar-se diante de seus olhos", parecia um empreendimento arriscado. Só assim podemos imaginar a relação de um indivíduo da horda primordial com o pai primordial. Como sabemos de outras reações, o indivíduo conserva uma medida variável de aptidão pessoal à reanimação de tais situações antigas. Porém, o saber de que a hipnose é apenas uma brincadeira, uma renovação mentirosa daquelas antigas impressões, pode se conservar e se encarregar de resistir às consequências demasiado sérias da supressão hipnótica da vontade.

Assim, o caráter sinistro e compulsório da formação de massas, que se mostra em seus fenômenos sugestivos, provavelmente pode ser atribuído com razão à sua proveniência da horda primordial. O líder da massa continua sendo o temido pai primordial, a massa ainda quer ser dominada por uma força irrestrita, anseia pela autoridade num grau extremo, tem, segundo a expressão de Le Bon, sede de submissão. O pai primordial é o ideal da massa, que domina o eu em lugar do ideal do eu. A hipnose tem todo o direito de ser chamada de "uma massa a dois"; quanto à sugestão, resta-lhe esta definição: é uma convicção que não se baseia na percepção e no trabalho intelectual, e sim na ligação erótica.[65]

65. Parece-me digno de destaque que por meio das discussões desta seção sejamos levados a retroceder da concepção bernheimiana da hipnose à concepção ingênua mais antiga. Segundo Bernheim, todos os fenômenos hipnóticos se derivam do fator da sugestão, que não admite outras explicações. Concluímos que a sugestão é um fenômeno parcial do estado hipnótico, que tem a sua devida fundamentação numa disposição conservada inconscientemente desde a pré-história da família humana.

XI

Uma gradação no eu

Se, tendo presentes as descrições mutuamente complementares dos autores que abordaram a psicologia das massas, abrangermos com o olhar a vida do indivíduo atual, as complicações que aí se mostram talvez nos levem a perder a coragem de fazer uma exposição resumida. Cada indivíduo é parte integrante de muitas massas, é multiplamente ligado por identificação e construiu seu ideal do eu segundo os mais diversos modelos. Assim, cada indivíduo participa de muitas psiques de massa, a de sua raça, sua classe, sua comunidade religiosa, seu Estado etc., e pode, indo além delas, se elevar até um fragmentozinho de independência e de originalidade. Por seus efeitos uniformemente constantes, essas formações de massa contínuas e duradouras chamam menos a atenção do observador do que as massas transitórias, formadas rapidamente, baseado nas quais Le Bon esboçou a brilhante caracterização psicológica da psique da massa, e precisamente nessas massas ruidosas, efêmeras, como que superpostas às outras, ocorre o prodígio de que aquilo que acabamos de reconhecer como o desenvolvimento individual pereça sem deixar marcas, ainda que apenas temporariamente.

Compreendemos esse prodígio no sentido de que o indivíduo abre mão de seu ideal do eu, trocando-o pelo ideal da massa corporificado no líder. O prodígio, podemos acrescentar a título de retificação, não tem as mesmas proporções em todos os casos. Em muitos indivíduos, a separação entre o eu e o ideal do eu não foi muito longe, os dois ainda coincidem facilmente, e, muitas vezes, o eu conservou a antiga presunção narcísica. A escolha do líder é bastante facilitada por essa circunstância. Muitas vezes, ele apenas precisa possuir as qualidades típicas desses indivíduos numa configuração especialmente nítida e pura, e dar a impressão de uma força e de uma liberdade libidinosa maiores, para que a necessidade de um chefe enérgico venha ao seu encontro e o revista com a supremacia à qual em outras circunstâncias talvez não tivesse qualquer direito. Os outros, cujo ideal do eu normalmente não teria se corporificado em sua pessoa sem correções, são então arrastados "sugestivamente", isto é, por meio de identificação.

Reconhecemos que a contribuição que pudemos dar ao esclarecimento da estrutura libidinosa de uma massa se deriva da diferenciação entre o eu e o ideal do eu, e da dupla espécie de ligação assim possibilitada (identificação e colocação do objeto no lugar do ideal do eu). A hipótese de tal gradação no eu como primeiro passo de uma análise do eu tem de mostrar sua legitimidade pouco a pouco nos mais diferentes campos da psicologia. Em meu texto "Uma introdução ao narcisismo" (1914 *c*), reuni todo o material patológico que de início podia ser aproveitado para apoiar essa separação. Mas é lícito esperar que um maior aprofundamento na psicologia das psicoses revele que sua importância é muito maior. Pensemos no fato de que o eu agora entra numa relação em que é objeto do ideal do eu desenvolvido a partir dele, e que possivelmente todas as ações recíprocas entre o objeto externo e a totalidade do eu que ficamos conhecendo na teoria das neuroses se repitam nesse novo cenário no interior do eu.

Quero me ocupar aqui de apenas uma das conclusões possíveis desse ponto de vista, e com isso prosseguir a discussão de um problema que tive de deixar sem solução em outro texto.[66] Cada uma das diferenciações psíquicas que ficamos conhecendo constitui uma nova dificultação da função psíquica, aumenta sua labilidade e pode se tornar o ponto de partida de uma falha da função, um adoecimento. Assim, com o nascimento passamos do narcisismo

66. "Luto e melancolia" (1917 *e*).

absolutamente autossatisfeito à percepção de um mundo externo mutável e ao começo da busca de objeto, e com isso se relaciona o fato de que não suportamos o novo estado de maneira permanente, que o anulamos periodicamente e voltamos no sono ao estado anterior de ausência de estímulos e de evitação do objeto. Ao fazê-lo, no entanto, obedecemos a um aceno do mundo externo, que pela alternância periódica entre dia e noite nos livra temporariamente da maior parte dos estímulos que agem sobre nós. O segundo exemplo, mais importante para a patologia, não está submetido a qualquer restrição semelhante. No decorrer de nosso desenvolvimento, separamos nosso patrimônio psíquico em um eu coerente e uma parte recalcada inconsciente deixada fora dele, e sabemos que a estabilidade dessa nova aquisição está exposta a abalos constantes. No sonho e na neurose, isso que foi excluído bate nos portões, vigiados por resistências, pedindo para entrar, e no estado desperto de saúde nos servimos de artifícios especiais a fim de acolher o recalcado temporariamente em nosso eu contornando as resistências e obtendo um ganho de prazer. O chiste e o humor[67], em parte também o cômico em geral, podem ser considerados sob essa luz. A cada conhecedor da psicologia das neuroses

67. Sobre este ponto ver o texto de Freud "O chiste e sua relação com o inconsciente" (1905). (N.R.)

ocorrerão exemplos análogos de menor alcance; mas me apresso a tratar da aplicação que tenho em vista.

Seria perfeitamente imaginável que também a separação entre ideal do eu e eu não fosse suportada de maneira permanente e tivesse de regredir temporariamente. Apesar de todas as renúncias e restrições que são impostas ao eu, a violação periódica das proibições é regra, como mostra, afinal, a instituição das festas, que originalmente não são outra coisa senão excessos ordenados pela lei e que também devem seu caráter alegre a essa libertação.[68] As saturnais dos romanos e o carnaval dos nossos dias coincidem nesse traço essencial com as festas dos primitivos, que costumam terminar em excessos de todo tipo e com a transgressão dos mandamentos normalmente mais sagrados. Porém, o ideal do eu abrange a soma de todas as restrições às quais o eu deve se submeter, e, por isso, a suspensão do ideal teria de ser uma imensa festa para o eu, que então poderia outra vez estar contente consigo mesmo.[69]

Resulta sempre uma sensação de triunfo quando algo no eu coincide com o ideal do eu. O sentimento

---

68. *Totem e tabu.*

69. Para Trotter, o recalcamento procede do impulso gregário. Quando afirmei na "Introdução ao narcisismo" que "a formação de ideal seria, da parte do eu, a condição do recalcamento", isso constitui antes uma tradução em outra maneira de falar do que uma contradição.

de culpa (e o sentimento de inferioridade) também pode ser compreendido como expressão da tensão entre o eu e o ideal.

Sabe-se que há pessoas cuja cenestesia do estado de ânimo oscila de maneira periódica entre um abatimento extremo, passando por um certo estado intermediário, até um elevado bem-estar, e essas oscilações se manifestam em grandes e muito diversas amplitudes, desde o dificilmente perceptível até aqueles extremos que, sob a forma de melancolia e de mania, intervêm de maneira extremamente torturante ou perturbadora na vida das pessoas afetadas. Nos casos típicos dessa indisposição cíclica, motivos externos não parecem desempenhar qualquer papel decisivo; nesses pacientes tampouco se encontram mais ou diferentes motivos internos do que em todos os outros. Por isso, costuma-se julgar esses casos como não psicogênicos. Mais adiante ainda falaremos de outros casos de indisposição cíclica, bem parecidos, mas que podem ser explicados facilmente por traumas psíquicos.

A fundamentação dessas oscilações espontâneas do estado de ânimo é portanto desconhecida; não compreendemos o mecanismo de substituição de uma melancolia por uma mania. Assim, esses seriam os pacientes aos quais se poderia aplicar nossa hipótese de que seu ideal do eu se dissolveu temporariamente no eu depois de ter regido com especial severidade.

Para evitar confusões, retenhamos o seguinte: no solo de nossa análise do eu não é duvidoso que no maníaco o eu e o ideal do eu tenham se fundido, de maneira que a pessoa, num estado de ânimo triunfante e de felicidade consigo mesma que não é perturbado por qualquer autocrítica, possa se alegrar com a eliminação de inibições, considerações e autocensuras. É menos evidente, mas bastante provável, que a miséria do melancólico seja a expressão de um conflito agudo entre as duas instâncias do eu, conflito em que o ideal, extremamente sensível, traz à luz de maneira impiedosa sua condenação do eu no delírio de pequeneza e na autodepreciação. Apenas cabe perguntar se devemos buscar a causa dessas relações modificadas entre o eu e o ideal do eu nas rebeliões periódicas, acima postuladas, contra a nova instituição, ou se devemos responsabilizar outras circunstâncias por isso.

A transformação em mania não é um traço necessário no quadro clínico da depressão melancólica. Há melancolias simples e únicas, como também periodicamente repetidas, que jamais têm esse destino. Por outro lado, há melancolias em que o motivo evidentemente desempenha um papel etiológico. São aquelas que surgem depois da perda de um objeto amado, seja pela morte deste ou devido a circunstâncias que obrigaram a retirar a libido do objeto. Uma melancolia psicogênica desse tipo pode terminar em mania, e esse ciclo se repetir várias vezes, assim como numa melancolia aparentemente espontânea. Portanto, a situação é bastante obscura, tanto mais que até agora apenas poucas formas e poucos casos de melancolia foram submetidos à investigação psicanalítica.[70] Compreendemos até agora apenas aqueles casos em que o objeto foi abandonado porque se mostrou indigno do amor. Por meio de identificação, esse objeto é restaurado no eu e severamente julgado pelo ideal do eu. As censuras e agressões ao objeto vêm à luz sob a forma de autocensuras melancólicas.[71]

Uma tal melancolia também pode ser seguida pela transformação em mania, de maneira que essa possibilidade constitui um traço independente das demais características do quadro clínico.

Entretanto, não vejo qualquer dificuldade em admitir que o fator da rebelião periódica do eu contra o ideal do eu entre em consideração nos dois tipos de melancolias, as psicogênicas e as espontâneas. No caso das espontâneas, pode-se supor que o ideal do eu tende a desenvolver uma severidade especial, que

70. Ver Abraham (1912).

71. Para ser mais exato: elas se ocultam por trás das censuras ao próprio eu, e lhes concedem a firmeza, a tenacidade e a irrefutabilidade pelas quais se caracterizam as autocensuras dos melancólicos.

depois tem como consequência automática a suspensão temporária desse ideal. Nas psicogênicas, o eu seria incitado à rebelião devido aos maus-tratos por parte de seu ideal, experimentados no caso da identificação com um objeto rejeitado.

XII
Apêndice

No decorrer da investigação que agora chegou a um fim provisório, abriram-se para nós diversos caminhos secundários que de início evitamos, mas dos quais nos acenavam alguns conhecimentos evidentes. Agora queremos recuperar um pouco do que assim adiamos.

A) A diferença entre identificação do eu com o objeto e substituição do ideal do eu pelo objeto encontra uma interessante ilustração nas duas grandes massas artificiais que estudamos inicialmente, o Exército e a Igreja cristã.

É evidente que o soldado toma o seu superior – na verdade, o comandante do Exército – como ideal, enquanto se identifica com os seus iguais e deriva dessa comunhão de eus as obrigações da camaradagem que visam à assistência mútua e à divisão de bens. Mas ele se torna ridículo quando pretende se identificar com o general. É por isso que o caçador zomba do primeiro-sargento em *O acampamento de Wallenstein*:

Sua maneira de cuspir e de pigarrear,
Isso o senhor já consegue imitar.[72]

As coisas são diferentes na Igreja Católica. Cada cristão ama Cristo como seu ideal e se sente ligado aos outros cristãos por meio de identificação. Mas a Igreja lhe exige algo mais. Ele deve, ainda por cima, se identificar com Cristo e amar os outros cristãos como Cristo os amou. Portanto, a Igreja exige em ambos os pontos o complemento da posição libidinal dada pela formação de massas. A identificação deve ser acrescentada ali onde ocorreu a escolha de objeto, e o amor objetal, ali onde existe a identificação. Esse algo mais, evidentemente, vai além da constituição da massa. O indivíduo pode ser um bom cristão, e, no entanto, nem lhe passar pela cabeça a ideia de se colocar no lugar de Cristo, e, como ele, abarcar todos os seres humanos com o seu amor. Afinal, na condição de um débil ser humano, a pessoa não precisa se atribuir a grandeza de alma e a força amorosa do Salvador. Porém, esse avanço no desenvolvimento da distribuição libidinal na massa provavelmente é o fator no qual o cristianismo baseia sua pretensão de ter alcançado uma moralidade mais elevada.

72. Schiller, cena 6. (N.T.)

B) Afirmamos que seria possível indicar o ponto no desenvolvimento psíquico da humanidade em que se efetuou, também para os indivíduos, o avanço da psicologia de massas à psicologia individual.[73]

Para tanto, teremos de recorrer outra vez, brevemente, ao mito científico do pai da horda primordial. Mais tarde, o pai foi elevado à categoria de criador do mundo, e com razão, pois havia gerado todos os filhos que compunham a primeira massa. Ele era o ideal de cada um deles, temido e venerado ao mesmo tempo, o que resultou mais tarde no conceito de tabu. Certa vez, essa maioria se reuniu, matou o pai e o despedaçou. Nenhum dos membros dessa massa vitoriosa pôde se colocar no seu lugar, ou, quando algum deles o fazia, recomeçavam as lutas, até que reconheceram que todos tinham de renunciar à herança do pai. Formaram então a comunidade totêmica de irmãos, em que todos gozavam dos mesmos direitos e estavam ligados pelas proibições totêmicas, que deviam conservar e expiar a lembrança do assassinato. Mas a insatisfação com o alcançado permaneceu, e se tornou a fonte de novos desenvolvimentos. Aos poucos, os indivíduos ligados na massa de irmãos se aproximaram de uma restauração do antigo estado em um novo nível; o homem voltou a ser o chefe de

73. O que segue se encontra sob a influência de uma troca de ideias com Otto Rank. (Ver "A figura de Dom Juan", 1922)

uma família e rompeu os privilégios do matriarcado, que havia se estabelecido durante o período sem pai. Como compensação, talvez ele tenha reconhecido as divindades maternas, cujos sacerdotes eram castrados para a proteção da mãe, segundo o exemplo que o pai da horda primordial tinha dado; só que a nova família era apenas uma sombra da antiga, os pais eram muitos e cada um deles era limitado pelos direitos do outro.

Naquela época, a privação plena de anseios pode ter levado um indivíduo a se separar da massa e se colocar no papel do pai. Quem fez isso foi o primeiro poeta épico, e o avanço se efetuou na sua imaginação. O poeta reinterpretou mentirosamente a realidade conforme seu anseio. Ele inventou o mito heroico. Herói era aquele que, sozinho, tinha matado o pai, que no mito ainda aparece como um monstro totêmico. Da mesma maneira que o pai havia sido o primeiro ideal do menino, assim o poeta criava agora o primeiro ideal do eu na figura do herói que pretende substituir o pai. O ponto de contato com o herói provavelmente foi oferecido pelo filho caçula, o favorito da mãe, que ela tinha protegido do ciúme paterno e que nos tempos da horda primordial havia se tornado o sucessor do pai. Na mentirosa recriação poética dos tempos primitivos, a mulher, que havia sido o troféu e a tentação para o assassinato, provavelmente se transformou em sedutora e instigadora do crime.

O herói pretende ter cometido sozinho o ato que certamente apenas a horda como um todo se atreveu a praticar. No entanto, conforme uma observação de Rank, o conto de fadas conservou marcas nítidas da situação desmentida. Pois nesses contos ocorre muitas vezes que o herói, que tem uma tarefa difícil a resolver – na maioria dos casos um filho caçula, não raro alguém que se fez de bobo, isto é, de inofensivo, diante do substituto paterno –, só consiga resolver essa tarefa com a ajuda de um grupo de pequenos animais (abelhas, formigas). Esses seriam os irmãos da horda primordial, assim como no simbolismo onírico insetos e pragas significam os irmãos (com desdém: são considerados criancinhas). Além disso, cada uma das tarefas do mito e do conto de fadas pode facilmente ser reconhecida como substituto do ato heroico.

Assim, o mito é o passo com que o indivíduo sai da psicologia de massas. O primeiro mito foi certamente o psicológico, o mito do herói; o mito explicativo da natureza deve ter surgido muito mais tarde. O poeta que deu esse passo, e desse modo se separou da massa em imaginação, sabe, contudo, segundo outra observação de Rank, encontrar o retorno a ela na realidade. Pois ele vai e conta a essa massa os feitos de seu herói, inventados por ele. No fundo, esse herói não é outro senão ele próprio. Assim, ele desce à realidade e eleva seus ouvintes à imaginação. Mas os ouvintes compreendem o poeta, e podem se identificar com o herói baseados na mesma relação de anseio com o pai primordial.[74]

A mentira do mito heroico culmina na divinização do herói. Talvez o herói divinizado tenha sido anterior ao deus pai; talvez ele tenha sido o precursor do retorno do pai primordial sob a forma de divindade. Cronologicamente, a série de deuses seria então a seguinte: deusa mãe – herói – deus pai. Mas foi apenas com o enaltecimento do jamais esquecido pai primordial que a divindade recebeu os traços que ainda hoje nela reconhecemos.[75]

C) Falamos muito neste ensaio de impulsos sexuais diretos e de meta inibida, e podemos esperar que essa distinção não vá encontrar grande resistência. Porém, uma discussão detalhada a respeito não será inoportuna, mesmo que apenas repita o que em grande parte já foi dito em textos anteriores.

O primeiro mas também o melhor exemplo de impulsos sexuais de meta inibida nos foi dado pelo desenvolvimento libidinal da criança. Todos os sentimentos que a criança experimenta pelos pais e

74. Ver Hanns Sachs (1920).

75. Nesta exposição abreviada se renunciou a todo o material extraído da lenda, do mito, do conto de fadas, da história dos costumes etc. que poderia ter sido usado como apoio para a construção.

pelas pessoas que tomam conta dela se prolongam sem barreiras nos desejos que expressam sua aspiração sexual. A criança exige dessas pessoas amadas todos os carinhos que conhece; quer beijá-las, tocá-las, olhá-las; tem curiosidade de ver seus genitais e de estar presente quando desempenham suas funções excretórias íntimas; promete se casar com a mãe ou com a babá, pouco importando o que possa entender por isso; se propõe a dar um filho ao pai etc. Tanto a observação direta quanto a investigação analítica posterior dos restos infantis não deixam qualquer dúvida acerca da confluência direta de sentimentos ternos e ciumentos e de intenções sexuais, e nos mostram de que maneira radical a criança transforma a pessoa amada em objeto de todas as suas aspirações sexuais ainda não devidamente centradas. (Ver *Três ensaios de teoria sexual.*)

Como se sabe, essa primeira configuração amorosa da criança, tipicamente subordinada ao complexo de Édipo, sucumbe a um surto recalcador a partir do início do período de latência. O que sobra dela se mostra para nós sob a forma de ligação emocional puramente terna que diz respeito às mesmas pessoas, mas que não deve mais ser qualificada como "sexual". A psicanálise, que investiga as profundezas da vida psíquica, não tem dificuldades de mostrar que também as ligações sexuais dos primeiros anos de infância ainda persistem, mas recalcadas e inconscientes.

Ela nos dá a coragem para afirmar que por toda parte em que encontramos um sentimento terno ele é o sucessor de uma ligação de objeto plenamente "sensual" com a pessoa em questão ou com o seu modelo (sua imago). Contudo, a psicanálise não pode nos revelar sem uma investigação especial se, num caso dado, essa corrente sexual plena anterior ainda persiste recalcada ou se já foi consumida. Para ser ainda mais preciso: é um fato estabelecido que ela ainda existe como forma e possibilidade, podendo a qualquer momento ser novamente investida e ativada mediante regressão; só cabe perguntar, e nem sempre é possível decidir, que investimento e que eficácia ela ainda tem atualmente. Neste ponto é preciso tomar igual cuidado com duas fontes de erro, o Cila de subestimar o inconsciente recalcado e o Caríbdis[76] da tendência a medir o normal a todo custo pelos critérios do patológico.

Para a psicologia que não quer ou não pode penetrar as profundezas do recalcado, as ligações emocionais ternas se apresentam em qualquer caso como expressão de aspirações que não almejam o sexual,

---

76. Cila e Caríbdis são dois monstros marinhos da mitologia grega. Cila era um monstro que devorou alguns companheiros de Ulisses. Caríbdis, filha de Terra e de Poseidon, foi fulminada por Zeus e lançada no mar, transformando-se em um monstro que tudo devorava. Na *Odisseia*, de Homero, Ulisses só consegue retornar a Ítaca depois de passar por Cila e Caríbdis. (N.R.)

ainda que tenham resultado de aspirações orientadas nesse sentido.[77]

Estamos autorizados a afirmar que elas foram desviadas dessas metas sexuais, embora surjam dificuldades para harmonizar as exigências da metapsicologia com a exposição de semelhante desvio de meta. De resto, esses impulsos de meta inibida ainda conservam algumas das metas sexuais originais; mesmo a pessoa ternamente dedicada, mesmo o amigo ou o admirador buscam a proximidade física e a visão da pessoa que é amada apenas no sentido "paulino". Se quisermos, podemos reconhecer nesse desvio de meta um começo de *sublimação* dos impulsos sexuais, ou então demarcar os limites dessa sublimação num ponto ainda mais distante. Os impulsos sexuais de meta inibida têm uma grande vantagem funcional em relação aos desinibidos. Visto que não são suscetíveis de uma satisfação propriamente completa, são especialmente aptos para criar ligações duradouras, enquanto os impulsos sexuais diretos sempre perdem sua energia devido à satisfação e têm de esperar por renovação por meio da reacumulação da libido sexual, sendo que no meio-tempo o objeto pode ser substituído. Os impulsos inibidos são capazes de se mesclar em qualquer proporção com os desinibidos,

77. A construção dos sentimentos hostis é certamente um pouco mais complicada.

e podem se reconverter nestes da mesma maneira que deles surgiram. É conhecida a facilidade com que desejos eróticos se desenvolvem a partir de relações emocionais de tipo amistoso, baseadas no reconhecimento e na admiração (o molieresco "*Embrassez-moi pour l'amour du Grec*"[78]), entre professor e aluna, entre artista e ouvinte deslumbrada, sobretudo quando se trata de mulheres. Sim, o surgimento de tais ligações emocionais inicialmente desprovidas de intenções oferece de maneira direta um caminho muito percorrido para a escolha sexual de objeto. Em *A devoção do conde Ludwig von Zinzendorf*, Pfister apresentou um exemplo extremamente nítido, que com certeza não é isolado, de como é natural que mesmo uma ligação religiosa intensa se reverta em excitação sexual ardente. Por outro lado, a transformação de aspirações sexuais diretas, efêmeras em si mesmas, numa ligação duradoura, meramente terna, também é algo bastante comum, e a consolidação de um casamento baseado na paixão repousa em grande parte nesse processo.

Naturalmente, não nos causará admiração saber que as aspirações sexuais de meta inibida resultem das

78. "Beije-me por amor ao grego." Alusão a uma fala de Filomena, dirigida a Vadio, em *As eruditas*, ato 3, cena 3: "Com que então o senhor sabe grego? / Ah, permita-me que aproveite o ensejo. / E em homenagem ao grego eu lhe ofereça um beijo." (Tradução e adaptação de Millôr Fernandes, L&PM POCKET, 2003.) (N.T.)

diretamente sexuais quando obstáculos internos ou externos se opõem à obtenção das metas sexuais. O recalcamento no período de latência é um obstáculo interno – ou melhor: interiorizado – desse gênero. Fizemos a suposição de que o pai da horda primordial, devido à sua intolerância sexual, obrigou todos os filhos à abstinência e assim os forçou a estabelecer ligações da meta inibida, enquanto reservava o livre gozo sexual para si mesmo e assim se mantinha sem ligações. Todas as ligações em que a massa se apoia são do tipo dos impulsos de meta inibida. Mas com isso nos aproximamos da discussão de um novo tema, a relação dos impulsos sexuais diretos com a formação de massas.

D) As duas últimas observações já nos prepararam para descobrir que as aspirações sexuais diretas são desfavoráveis à formação de massas. É verdade que também na história evolutiva da família existiram relações de massa do amor sexual (o casamento grupal), mas quanto mais significativo o amor sexual se tornou para o eu, quanto mais enamoramento ele produziu, tanto maior foi a insistência com que exigiu a limitação a duas pessoas – *una cum uno* –, determinada pela natureza da meta genital. As tendências poligâmicas foram obrigadas a se satisfazer na sucessão da troca de objeto.

Duas pessoas que dependem uma da outra para o fim da satisfação sexual fazem uma manifestação contra o impulso gregário, contra o sentimento de massa, ao buscarem a solidão. Quanto mais enamoradas estiverem, tanto mais completamente se bastam uma à outra. A recusa à influência da massa se expressa sob a forma de pudor. Os sentimentos extremamente violentos do ciúme são empregados para proteger a escolha sexual de objeto contra os danos causados por uma ligação de massa. Apenas quando o fator terno – isto é, pessoal – da relação amorosa fica inteiramente atrás do sensual se torna possível a relação amorosa de um casal na presença de outras pessoas ou a prática de atos sexuais simultâneos dentro de um grupo, como na orgia. Mas assim se dá uma regressão a um estado anterior das relações entre os sexos, em que o enamoramento ainda não desempenhava qualquer papel e os objetos sexuais eram considerados equivalentes entre si, mais ou menos no sentido daquele dito maldoso de Bernard Shaw: estar enamorado significa superestimar indevidamente a diferença entre uma mulher e outra.

Há indícios abundantes de que o enamoramento entrou apenas tardiamente nas relações sexuais entre homem e mulher, de maneira que também o antagonismo entre amor sexual e ligação de massa é algo que se desenvolveu tarde. Poderá parecer que essa hipótese seja incompatível com o nosso mito da família primordial. Pois o grupo de irmãos teria sido impelido ao parricídio pelo amor às mães e às irmãs, e é difícil imaginar esse amor de outro modo senão como um amor intacto e primitivo, isto é, como união íntima entre amor terno e sensual. Só que refletindo um pouco mais, essa objeção se converte numa confirmação. Pois uma das reações ao parricídio foi a instituição da exogamia totêmica, a proibição de qualquer relação sexual com as mulheres da família, amadas ternamente desde a infância. Isso introduziu a discórdia entre as moções ternas e sensuais do homem, que ainda hoje persiste em sua vida amorosa.[79] Devido a essa exogamia, as necessidades sensuais dos homens tinham de se satisfazer com mulheres estranhas e não amadas.

Nas grandes massas artificiais, a Igreja e o Exército, não há lugar para a mulher como objeto sexual. A relação amorosa entre homem e mulher permanece fora dessas organizações. Mesmo quando se formam massas mistas compostas de homens e mulheres, a diferença entre os sexos não desempenha qualquer papel. Mal há sentido em perguntar se a libido que mantém as massas coesas é de natureza homossexual ou heterossexual, pois ela não é diferenciada de acordo

79. Ver "Sobre a degradação mais comum da vida amorosa" (1912 *d*).

com os sexos e desconsidera inteiramente, de maneira especial, as metas da organização genital da libido.

As aspirações sexuais diretas conservam uma parcela de atividade individual mesmo no caso do indivíduo que normalmente se dilui na massa. Quando se tornam fortes demais, essas aspirações desintegram qualquer formação de massa. A Igreja Católica tinha os melhores motivos para recomendar a solteirice a seus crentes e impor o celibato a seus sacerdotes, mas muitas vezes o enamoramento também levou estes últimos a abandonarem a Igreja. Da mesma maneira, o amor à mulher rompe as ligações raciais de massa, o isolamento nacional e a organização em classes sociais, realizando assim feitos de importância cultural. Parece certo que o amor homossexual é muito mais compatível com as ligações de massa, mesmo quando surge sob a forma de aspiração sexual desinibida; um fato notável, cuja explicação poderia levar longe.

A investigação psicanalítica das psiconeuroses nos ensinou que cabe derivar seus sintomas a partir de aspirações sexuais diretas recalcadas, mas que permaneceram ativas. Pode-se completar essa fórmula quando se acrescenta: ou a partir de aspirações sexuais de meta inibida cuja inibição não foi inteiramente bem-sucedida ou deu lugar a um retorno à meta sexual recalcada. Corresponde a essa situação o fato de a neurose tornar associal, de tirar o indivíduo por ela afetado das formações de massa habituais. Pode-se dizer que a neurose age sobre a massa da mesma maneira desagregadora que o enamoramento. Em compensação, pode-se ver que ali onde se produziu um estímulo enérgico para a formação de massa as neuroses podem recuar e, pelo menos por algum tempo, desaparecer. Também se tentou, com razão, aproveitar terapeuticamente esse antagonismo entre neurose e formação de massa. Mesmo quem não lamenta o desaparecimento das ilusões religiosas no mundo cultural de hoje admitirá que, enquanto ainda estavam em vigor, ofereciam aos indivíduos ligados por meio delas a mais enérgica proteção contra o perigo da neurose. Também não é difícil reconhecer em todas as ligações com seitas e comunidades místico-religiosas ou filosófico-místicas a expressão de curas tortas de variadas neuroses. Tudo isso se relaciona com a oposição entre as aspirações sexuais diretas e de meta inibida.

Abandonado a si mesmo, o neurótico é forçado a substituir as grandes formações de massa, das quais está excluído, pelas suas formações de sintoma. Ele cria seu próprio mundo imaginário, sua religião, seu sistema delirante, e repete assim as instituições da humanidade numa distorção que testemunha nitidamente a imensa contribuição das aspirações sexuais diretas.[80]

E) Para concluir, acrescentemos, do ponto de vista da teoria da libido, uma apreciação comparativa dos estados que nos ocuparam: o enamoramento, a hipnose, a formação de massa e a neurose.

O *enamoramento* se baseia na existência simultânea de aspirações sexuais diretas e de meta inibida, sendo que o objeto atrai para si uma parte da libido narcísica do eu. O enamoramento só tem espaço para o eu e para o objeto.

A *hipnose* partilha com o enamoramento a limitação a essas duas pessoas, mas ela se baseia inteiramente em aspirações sexuais de meta inibida e coloca o objeto no lugar do ideal do eu.

A *massa* multiplica esse processo; ela coincide com a hipnose quanto à natureza dos impulsos que a mantêm coesa e quanto à substituição do ideal do eu pelo objeto, mas acrescenta a identificação com outros indivíduos, que talvez tenha sido possibilitada originalmente pela mesma relação com o objeto.

Esses dois estados, a hipnose e a formação de massa, são sedimentos hereditários oriundos da filogênese da libido humana; a hipnose sob a forma

80. Ver *Totem e tabu*, no final do segundo ensaio, "O tabu e a ambivalência dos sentimentos".

de disposição, e a massa, além disso, sob a forma de resíduo direto. A substituição das aspirações sexuais diretas pelas de meta inibida promove em ambos os estados a separação entre o eu e o ideal do eu, que já teve um início no enamoramento.

A *neurose* sai dessa série. Também ela se baseia numa peculiaridade do desenvolvimento libidinal humano, o duplo começo da função sexual direta, interrompido pelo período de latência.[81] Nessa medida, ela partilha com a hipnose e a formação de massa o caráter de uma regressão, que falta ao enamoramento. Ela surge sempre que o avanço dos impulsos sexuais diretos aos de meta inibida não é inteiramente bem-sucedido e corresponde a um *conflito* entre os impulsos acolhidos no eu, que passaram por tal desenvolvimento, e as partes desses mesmos impulsos que, a partir do inconsciente recalcado – da mesma forma que outras moções de impulso completamente recalcadas –, aspiram por satisfação direta. Do ponto de vista do conteúdo, a neurose é extraordinariamente rica, visto que abrange todas as relações possíveis entre eu e objeto – não só aquelas em que o objeto se conserva, mas também aquelas outras em que ele é abandonado ou erigido dentro do próprio eu –, porém igualmente as relações conflituosas entre o eu e seu ideal do eu.

81. Ver *Três ensaios de teoria sexual* (1905 *d*), 5. ed., p. 96.

Bibliografia[82]

ABRAHAM, K. "Ansätze zur psychoanalytischen Erforschung und Behandlung des manisch-depressiven Irreseins und verwandter Zustände" ["Indicações para a investigação e o tratamento da psicose maníaco-depressiva e de estados afins"]. *Zentbl. Psychoanal.*, vol. 2, p. 302, 1912. (140)

_____. "Untersuchungen über die früheste prägenitale Entwicklungsstufe der Libido" ["Investigações sobre a fase pré-genital mais precoce da libido"]. *Int. Z. ärztl. Psychoanal.*, vol. 4, p. 71, 1916. (94)

BLEULER, E. "Das autistische Denken" ["O pensamento autista"]. *Jb. psychoanalyt. psychopath. Forsch.*, vol. 4, p. 1, 1912. Sob a forma de livro: Leipzig e Viena, 1912. (34)

BRUGEILLES, R. "L'essence du phénomène social: la suggestion" ["A essência do fenômeno social: a sugestão"]. *Rev. Phil. France et l'Etranger*, vol. 75, p. 593, 1913. (66)

FEDERN, P. *Die vaterlose Gesellschaft* [*A sociedade sem pai*]. Viena, 1919. (82)

82. As abreviaturas de títulos de periódicos correspondem às da *World List of Scientific Periodicals* (Londres, 1963-1965). Os números entre parênteses no final de cada entrada indicam a(s) página(s) em que a referida obra é mencionada neste livro. No caso de autores com várias obras, estas se encontram ordenadas cronologicamente. (N.T.)

Felszeghy, B. von. "Panik und Pan-Komplex" ["Pânico e complexo de Pã"]. *Imago*, vol. 6, p. 1, 1920. (80)

Ferenczi, S. "Introjektion und Übertragung" ["Introjeção e transferência"]. *Jb. psychoanalyt. psychopath. Forsch.*, vol. 1, p. 422, 1909. (107, 131)

Freud, S. *Die Traumdeutung* [*A interpretação dos sonhos*]. 1900 *a*. (*Gesammelte Werke*, vol. 2-3; *Studienausgabe*, vol. 2) (47, 48)

_____. *Drei Abhandlungen zur Sexualtheorie* [*Três ensaios de teoria sexual*]. 1905 *d*. (*GW*, vol. 5, p. 29; *SA*, vol. 5, p. 37) (50, 94, 104, 149, 159)

_____. "Bruchstück einer Hysterie-Analyse" ["Fragmento de uma análise de histeria"]. 1905 *e*. (*GW*, vol. 5, p. 163; *SA*, vol. 6, p. 83) (96)

_____. "Über die allgemeinste Erniedrigung des Liebeslebens" ["Sobre a degradação mais comum da vida amorosa"]. 1912 *d*. (*GW*, vol. 8, p. 78; *SA*, vol. 5, p. 197) (105, 155)

_____. *Totem und Tabu* [*Totem e tabu*]. 1912-1913. (*GW*, vol. 9; *SA*, vol. 9, p. 287) (47, 51, 102, 123-129, 137, 158)

_____. "Zur Einführung des Narzißmus" ["Uma introdução ao narcisismo"]. 1914 *c*. (*GW*, vol. 10, p. 138; *SA*, vol. 3, p. 37) (89, 101-102, 135, 137)

_____. *Vorlesungen zur Einführung in die Psychoanalyse* [*Conferências de introdução à psicanálise*]. 1916-1917. (*GW*, vol. 11; *SA*, vol. 1, p. 33) (80, 118)

_____. "Metapsychologische Ergänzung zur Traumlehre" ["Complemento metapsicológico à teoria dos sonhos"]. 1917 *d*. (*GW*, vol. 10, p. 412; *SA*, vol. 3, p. 175) (109)

_____. "Trauer und Melancholie" ["Luto e melancolia"]. 1917 *e*. (*GW*, vol. 10, p. 428; *SA*, vol. 3, p. 193) (100, 135)

_____. "Das Unheimliche" ["O sinistro"]. 1919 *h*. (*GW*, vol. 12, p. 229; *SA*, vol. 4, p. 241) (128)

_____. *Jenseits des Lustprinzips* [*Além do princípio do prazer*]. 1920 *g*. (*GW*, vol. 13, p. 3; *SA*, vol. 3, p. 213) (89, 115)

Kelsen, H. "Der Begriff des Staates und die Sozialpsychologie" ["O conceito de Estado e a psicologia social"]. *Imago*, v. 8, p. 97, 1922. (64)

Kraškovič, B. *Die Psychologie der Kollektivitäten* [*A psicologia das coletividades*]. Traduzido do croata para o alemão por Siegmund von Posaveč. Vukovar, 1915. (55)

Le Bon, G. *Psychologie des foules* [*Psicologia das multidões*]. Paris, 1895. (37-57, 61, 66, 113-114, 116, 132, 133)

McDougall, W. *The Group Mind* [*A mente grupal*]. Cambridge, 1920 *a*. (58-63, 66-67, 78-80, 116)

_____. "A Note on Suggestion" ["Uma nota sobre a sugestão"]. *J. Neurol. Psychopath.*, vol. 1, p. 1, 1920 *b*. (67, 69)

Markuszewicz, R. "Beitrag zum autistischen Denken bei Kindern" ["Contribuição acerca do pensamento autista em crianças"]. *Int. Z. Psychoanal.*, vol. 6, p. 248, 1920. (100)

Moede, W. "Die Massen- und Sozialpsychologie im kritischen Überblick" ["A psicologia das massas e a psicologia social num panorama crítico"]. *Z. pädag. Psychol.*, vol. 16, p. 385, 1915. (55)

Nachmansohn, M. "Freuds Libidotheorie, verglichen mit der Eroslehre Platos" ["A teoria freudiana da libido, comparada com a teoria platônica do amor"]. *Int. Z. ärztl. Psychoanal.*, vol. 3, p. 65, 1915. (71)

Pfister, O. *Die Frömmigkeit des Grafen Ludwig von Zinzendorf* [*A devoção do conde Ludwig von Zinzendorf*]. Viena, 1910. (152)

_____. "Plato als Vorläufer der Psychoanalyse" ["Platão como precursor da psicanálise"]. *Int. Z. ärztl. Psychoanal.*, vol. 7, p. 264, 1921. (70-71)

Rank, O. "Die Don Juan-Gestalt" ["A figura de Dom Juan"]. *Imago*, vol. 8, p. 142, 1922. (145)

Sachs, H. "Traumdeutung und Menschenkenntnis" ["A interpretação dos sonhos e o conhecimento do ser humano"]. *Jb. psychoanalyt. psychopath. Forsch.*, vol. 3, p. 568, 1912. (48)

_____. "Gemeinsame Tagträume" ["Sonhos diurnos compartilhados"]. *Int. Z. ärztl. Psychoanal.*, vol. 6, p. 395, 1920. (148)

Schopenhauer, A. "Gleichnisse, Parabeln und Fabeln", *Parerga und Paralipomena* ["Alegorias, parábolas e fábulas", *Parergos e paralipômenos*], vol. 2. Leipzig, 1851 (2. ed., Berlim, 1862). Também incluído em: *Sämtliche Werke* [*Obras completas*] (org. de Hübscher), vol. 5, Leipzig, 1938. (87)

Simmel, E. *Kriegsneurosen und "psychisches Trauma"* [*Neuroses de guerra e "trauma psíquico"*]. Munique, 1918. (76)

Smith, R. *Kinship and Marriage* [*Parentesco e casamento*]. Londres, 1885. (102)

Tarde, G. *Les lois de l'imitation* [*As leis da imitação*]. Paris, 1890. (66)

Trotter, W. *Instincts of the Herd in Peace and War* [*Os instintos do rebanho na paz e na guerra*]. Londres, 1916. (64, 115-117, 121, 137)

Colaboradores desta edição

Renato Zwick é bacharel em filosofia pela Unijuí. Atualmente, cursa mestrado em letras (língua e literatura alemã) na USP. É tradutor de Nietzsche (*O anticristo*, L&PM, 2008; *Crepúsculo dos ídolos*, L&PM, 2009; e *Além do bem e do mal*, L&PM, 2008), de Rilke (*Os cadernos de Malte Laurids Brigge*, L&PM, 2009), de Freud (*O futuro de uma ilusão*, L&PM, 2010; *O mal-estar na cultura*, L&PM, 2010; *A interpretação dos sonhos*, L&PM, 2012) e de Karl Kraus (*Aforismos*, Arquipélago, 2010) e cotradutor de Thomas Mann (*Ouvintes alemães!: discursos contra Hitler (1940-1945)*, Jorge Zahar, 2009).

Paulo Endo é psicanalista e professor do Instituto de Psicologia da USP, com mestrado pela PUC-SP, doutorado pela USP e pós-doutorado pelo Centro Brasileiro de Análise e Planejamento/CAPES. Coordena grupos de estudo em psicanálise da USP e da Associação Nacional de Pesquisa e Pós-Graduação em Psicologia, e é membro da Cátedra USP/UNESCO de Educação para a Paz, Direitos Humanos, Democracia e Tolerância e do Comitê Nacional de Prevenção e Combate à Tortura e à Violência Institucional. Organizou diversos livros e é autor de *A violência no coração da cidade* (Escuta/Fapesp, 2005; prêmio Jabuti 2006) e *Sigmund Freud* (com Edson Sousa; L&PM, 2009), além de dezenas de artigos científicos.

Edson Sousa é psicanalista, membro da Associação Psicanalítica de Porto Alegre. É formado em psicologia pela PUC-RS, com mestrado e doutorado pela Universidade de Paris VII, e pós-doutorado pela Universidade de Paris VII e pela École des Hautes Études en Sciences Sociales de Paris. Pesquisador do CNPq, leciona nas pós-graduações em Psicologia Social e em Artes Visuais da UFRGS, onde coordena, com Maria Cristina Poli, o Laboratório de Pesquisa em Psicanálise, Arte e Política. É autor de *Freud* (Abril, 2005), *Uma invenção da utopia* (Lumme, 2007) e *Sigmund Freud* (com Paulo Endo; L&PM, 2009), além de organizador de *Psicanálise e colonização* (Artes e Ofícios, 1999) e *A invenção da vida* (com Elida Tessler e Abrão Slavutzky; Artes e Ofícios, 2001).